川﨑 剛

社会科学は「思考の型」で決まる

リサーチ・トライアングルのすすめ

勁草書房

まえがき

本書のねらい

あらゆる学問には，その分野特有の研究手法がある。その手法を使わないと「正しい，まっとうな研究」とみなされない。たとえば化学のような実験科学では，正しい実験のやり方がそれにあたる。考古学であれば遺跡発掘の手順がそうであろう。学生はそういった基礎技法を徹底的に叩き込まれる。

本書で説くのは，その社会科学版であり，それも初学者用のものである。

自然科学の場合とは対象的に，社会現象を研究する社会科学ではそういった「正しい研究方法・思考方法」が初学者にとっては大変わかりづらい。社会科学は戦争や平和，社会格差，貧困，人種差別，さらには国際協力やナショナリズムなど，人間社会に生じるさまざまな現象を研究対象とする。こういった現象の本質は抽象的概念を駆使して理解・分析せざるをえない。だからわかりづらいのだ。歴史学や宗教学のような人文学の研究と勘違いされることも多い。本書はその穴を少しでも埋めていくことをめざしている。

別の言い方をしよう。政治学，社会学，経済学，経営学といった社会科学の諸分野において共通する，そして暗黙的に想定されている基本的な「思考の型」ともいうべきものを平易な言葉で解説し，その有用性を示すというのが本書の目的である。そのため，リサーチ・トライアングルという概念を本書で導入する。多くの社会科学研究の根底にはリサーチ・トライアングルがある。このリサーチ・トライアングルという「思考の型」は，社会科学特有の「ものの考え方」「目のつけ方」「議論の組み立て方」といったようなもので，いわば「そもそも論」に相当するといえよう。リサーチ・トライアングルを理解すると「論文・本を読解する」「研究を口頭発表する」「口頭発表された研究を理解する」「論文を実際に執筆する」という初学者が欠かせない四大基礎技能を効

果的にマスターできるのだ。これが本書のいうところのリサーチ・トライアングル方式の効果である。

　本書は「学術論文の型」を説明した拙著『社会科学系のための「優秀論文」作成術——プロの学術論文から卒論まで』（勁草書房，2010 年）の姉妹版である。いずれは本格的な学術論文を執筆する社会科学系の学徒にとっても，それまでに知っておくべき「思考の型」ならびにその使用法を本書は伝授する。本書で基礎を一度マスターすれば，後はそれを磨いていくだけ。そうすれば，ますます議論の質を高めていくことができる。本書と『社会科学系のための「優秀論文」作成術』がペアになって，「社会科学系のための知的インフラ形成の手引き」となっている。

対象とする読者

　本書の主な対象読者は，大学で社会科学系専門課程（三〜四年生）に入る前に基礎的な訓練を受ける人たちを想定している。本書が説く基礎を固めれば，それより上級の知的訓練もより実り多いものとなろう。「社会科学諸分野に共通する思考の型」ということは，言い換えれば「専攻分野特有のものではない一般的なもの」という意味である。いずれの専攻分野に進むにしても，本書が展開する「基礎の基礎」をしっかり理解してほしい。本書が解説するリサーチ・トライアングル方式をマスターすることが，社会科学系の大学生にとって必要な四大基礎技能を習得する最短ルートなのだ。そのうえで専門課程にのぞめばアナタの成績が大きく上昇することは間違いない。

　理数工学系や自然科学系，そして保健・医学系の学生，さらには人文学系の学生にとっても「論理的思考術・四大基礎技能の入門書」として本書は役に立つ。本書の内容は常識的なこと，いうなれば一般的教養レベルのものだからだ。北米におけるリベラル・アーツ系の大学でよくあるタイプの知的訓練法といってもよい。もちろん，国際関係や総合政策といった文系の学際的分野をめざす学生や，情報社会学といった文系・理系を統合するような分野の学生にも本書は有益であろう。

　さらには「大学入学前」「大学卒業後」の人たちにも本書を薦めたい。高校

における探求学習科目においては，とりわけ四大基礎技能に関する箇所が活用できるだろう。大学卒業後，おのおのの現場で活躍している社会人の方々にとっても，本書が説くリサーチ・トライアングル方式はビジネス・スキルの基礎として，さらには論理思考力強化の一手段として有用である。それだけではない。誤情報や感情に惑わされず，責任ある一市民として日本社会・国際社会について自力で考え抜いていく際，信頼に足る知的思考の技法が欠かせない。本書はそれを提供する。

類書との違い

筆者が知る限り，本書はユニークな位置を占める。この手の議論を説明するほぼ唯一の本ではないだろうか。巷では「大学一年生のためのスタディースキル（勉学の仕方）入門書」ともいうべき著作が数多い。これらは講義ノートの取り方やレポートの書き方など，技術的なことを解説している。本書はこれらとは三つの意味で本質的に異なっている。

第一に，社会科学に特化していること。社会科学特有の思考法を体系的に，それも初学者むけに説く書物はごくごく少数の例外を除いて見当たらない。実際，巷にあふれている類書をみれば，著者の多くが社会科学の研究者ではないことに気がつくであろう。

第二に，本書はスタディースキルではなく社会科学で必要な「大枠の考え方」に焦点をあてる。そのうえで，四大基礎技能を解説していく。料理でいえば，スタディースキルは包丁の使い方やスープの作り方などの技術論に相当するだろう。他方，本書の内容はフランス料理や日本料理におけるコースメニューの組み立て方に対応する。野球でいえば，各ポジションでの守備法，さらには打撃法（バットの振り方など）が技術論に該当し，監督が考えるべき「ゲームの組み立て方」がここでいう「大枠の考え方」にあたるのだ。前者は戦術，後者は戦略と言い換えることができる。本書は社会科学の戦略論を初学者むけに提供するものにほかならない。読者も本書を通じて「社会科学における戦略の基礎」をぜひ学んでほしい。

第三に，本書の内容は海外の英語圏で通用することである。すでに「北米に

おけるリベラル・アーツ系の大学でよくあるタイプの知的訓練法」と述べた。筆者自身，本書が説く内容をカナダの勤務大学で実際に学生に教えており，研究活動においても使っている。別の言い方をすれば，少なくとも英語圏においてはリサーチ・トライアングル方式は普遍的なものなのだ。「曖昧なことや一見すればバラバラな情報に直面した際，自ら一定の『型』あるいは『枠組み』を採用しあてはめることにより，それらを体系化し意味づけする」ことを英語ではフレーミング（framing）という。本書で説くのはまさに社会科学版のそれにほかならない。

　仮に英語力に自信がなくても，この方式を使えば「ポイントをおさえた意見交換」が英語でできるようになる。英語力が抜群でも，この方式を使わないと「いろいろ言ってはいるけれども，何がポイントなのかわからない」となってしまうのがオチ。実際，筆者が教えている多くのカナダ人学生がそういった状況に陥りやすい。さらには英語で書かれた社会科学系の文献を読む際にも，リサーチ・トライアングルに関する基礎知識が欠かせない。それがなければ，専門用語に四苦八苦し，文献内容を把握できないままとなる。英語力のレベルは関係なく，当然視されている「リサーチ・トライアングルという設計図」を把握できるか否かが問題なのだ。そういった設計図を本書は可視化して解説していく。

ただし書き

　本書は，社会科学のなかでも定性的分析手法（事例研究，つまり少数の事例を使って仮説を検証していく手法）と言われるものを基礎にして議論を体系的に展開していく。この作業を通じて，これまで指摘してきたさまざまな課題をまとめて解決する「総合的パッケージ」を本書は提供する。したがって，その他の分析手法や研究方法は本書の基本枠組みから外れざるをえない。たとえば定量的分析手法（大量の数量的データを統計分析する手法）ならびにゲーム理論のような純粋に抽象レベルにとどまる研究方法が本書の枠組みから外れる。また，本書は実証主義（ポジティビズム）というものを採用している。これは「客観的証拠に基づいた仮説（解釈）の検証を通じて一般的理論の構築をめざ

す」というもの。実証主義を採用しないタイプの研究も本書の枠外にある。

こういった制約はあるものの、「論理的思考術・四大基礎技能の入門書」として本書はその対象内・外にかかわらず幅広い読者にとって有用であろうことはすでに指摘した。あるいは「そのまま使えそうな部分がある一方、自分が関心のある分野や使用する分析手法・研究方法に照らし合わせて訂正が必要な部分」と区別しつつ、いわば本書をたたき台として多くの読者に利用していただけると思う。

ま　と　め

本書を読み終えれば「なるほど、社会現象について論理的に思考するとはこういったことなのか」と合点がいくだろう。そして機会を見つけては本書が説くリサーチ・トライアングル方式を何度も使って、自己鍛錬に励んでほしい。そうすることによって、いわば「自分で考えぬく力」や「地頭力」、つまり抽象的概念を使う思考力が増していく。もちろん、問題解決法やクリティカル・シンキング、さらにはビジネス的論理思考や社会科学方法論に関する書籍を読んで自己研鑽に励み、自身の知的インフラを構築していくことも大いに結構である。こなせる知的技法は、多ければ多いほどよい。

社会が抱えるさまざまな問題について傍観するのではなく「『思考の型』を使いながら自力で考えぬく能力」を発揮してその解決に少しでも貢献できる人材、そういった人材を養成することが大学教育の一つの目的ではなかろうか。そのために本書が少しでも貢献できれば望外の喜びである。

目　次

まえがき

本書の見取り図──────────────────────────1

パートⅠ　基礎編
社会科学には設計図がある

第1章　「謎解き」の設計図を理解しよう──────────7

1　社会科学は謎を解くのが使命　**8**
　　三つのキーワード（**8**）　社会科学のコツ（**14**）

2　リサーチ・トライアングルが基本　**16**

3　まとめ　**22**

第2章　リサーチ・トライアングルとは何か──────────25

1　詳しい全体図　**26**

2　リサーチ・クエスチョンと文脈　**28**

3　「正解」と「対抗する答え」の条件　**29**

4　論理一貫性が必要　**32**

5　分析で証明する　**33**

6　四タイプのリサーチ・トライアングル　**37**
　　A　因果研究の特徴（**43**）　B　政策研究の特徴（**47**）　C　属性・概念研究の特徴（**50**）　D　評価研究の特徴（**53**）

7　まとめ　**56**

viii

第3章 「謎解き」の例 ——————————————————57

1 因果研究の例 58
A1 一つの具体的事例の原因を解く謎解き（58） A2 具体的な事例グループの原因を解く謎解き（61） A3 一般的な現象の原因を解く謎解き（64）

2 政策研究の例 66

3 属性・概念研究の例 69
C1 属性研究（69） C2 概念研究（71）

4 評価研究の例 73

5 ま と め 74

パートⅡ 応用編
設計図を活用しよう

第4章 文献を読んで理解する ——————————————79

1 文献目録を作る 80
図書館で信頼できる文献を集める（81） 文献目録の作成方法を学ぶ（81） 文献検索システムを使う（82） 文献目録に何点ぐらいの文献アイテムが必要なのか（82）

2 文献アイテムの構造を把握する 84
読む順番は「論文が先，著書はあと」（84） 文献アイテムの読み方（84）

3 文献の全体像を把握する 92
文献分類表の例（93） さらなる検討（94）

4 ま と め 97

第5章 自分の考えをまとめて口頭発表する ————————101

1 自分の考えを明確にする 102
リサーチ・クエスチョンと「自分の答え」から始める方法（104） 「自分の答え」と「対抗する答え」から始める方法（104）

2 自分の考えを発表する 108
効果的な発表の四原則（108） レジュメとスライド（110） 発表の手順

目　次　　　ix

　　　　　（111）　質疑応答への対応策（113）

　　3　ま と め　114

第6章　建設的コメントをし，討論を運営する―――117

　　1　他者の発表に建設的なコメントをする　118

　　2　討論を運営する　119
　　　　討論の目的を定める（119）　討論のルールについて（121）　討論を仕切
　　　　っていく（123）

　　3　ま と め　127

第7章　論文を書く―――131

　　1　三種類の論文　132

　　2　小論文の書き方　136

　　3　ゼミ論文の書き方――論争参加型のススメ　139
　　　　論争を見つけられない場合（143）　統一審査基準の原則（145）

　　4　卒業論文の書き方　146
　　　　論争参加型（147）　論争非参加型（147）

　　5　論文作成をプロジェクトとして捉えよう　150
　　　　研究計画書（151）　データ収集と分析（154）　第一草稿と改訂（155）

　　6　ま と め　156

本書のまとめ―――159

社会科学の基本を知るための付録―――163

　　1　用 語 解 説　164

　　2　因果分析の基礎知識　171
　　　　1　一般的なパターン例（171）　2　よくある間違い（181）　3　事例研
　　　　究における仮説検証の三技法（182）

　　3　概念分析の基礎知識　186
　　　　1　基本枠組み（186）　2　練習問題（192）　3　応 用 例（194）

4 文 献 案 内　**197**

　　1　シカゴ大学出版会のシリーズ（**197**）　2　大学生むけスタディースキ
　　ル関連（**198**）　3　論文執筆関連（**199**）　4　リサーチ・トライアングル
　　関連で上級者むけ（**199**）

あ と が き　**201**
索　　引　**205**

本書の見取り図

　社会科学には特有の「思考の型」があると「まえがき」で述べた。この型を
リサーチ・トライアングルと本書は呼ぶが，リサーチ・トライアングル方式の
ポイントは以下の三点にまとめることができる。リサーチ・トライアングルは
「研究のための三角形」という意味で，本書の造語である。

A　社会科学にはそれ特有の設計図ともいうべきものがある。分野にかかわら
　ず，この設計図が大前提となっている。この設計図こそがリサーチ・トライ
　アングルにほかならない。この設計図を理解し，マスターすることが初学者
　にとっての基本的課題である。

B　この設計図，つまりリサーチ・トライアングルは「社会現象についての
　『謎解き』こそが社会科学の使命」という前提から導き出されている。この
　使命を達成するには設計図が欠かせないと言い換えてもよい。実際，プロの
　社会科学研究者が発表する著作の多くは，明示的・暗黙的にかかわらずリサ
　ーチ・トライアングルに基づいている。

C　「まえがき」で触れたように，リサーチ・トライアングルの理解は以下の
　四大基礎技能を初学者がマスターする際にも有用である。というのも，各技
　能においてリサーチ・トライアングルが下敷きの役割を果たしているからで
　ある。

- 読解力：社会科学の著作を読んで内容を正確に理解するだけでなく，複数
　の文献が形成する目には見えないシステム（関係性）を把握する能力。簡
　単にいえば「読む力」。

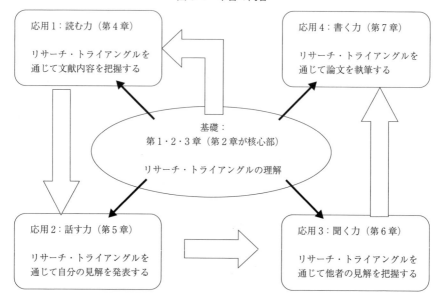

図 0-1　本書の内容

- 発表力：自分自身の考えを体系的・論理的にまとめるだけでなく，それを効果的に口頭で発表する能力。簡単にいえば「話す力」。
- 理解力：他者の発言内容を理解するだけでなく，建設的なコメントをすることができる能力。さらには，意見が交錯する討論の場を運営していく能力。簡単にいえば「聞く力」。
- 論文作成能力：議論を論理的に文章の形で表現できる能力。簡単にいえば「書く力」。

　A，B，Cの三点を解説するため，本書は二つのパートから成り立っている。パートⅠが基礎編で，上記のAとBを説明する。導入部である第1章では，「謎解き」としての社会科学を説明していく。第2章ではそのための方法であるリサーチ・トライアングルをより詳しく論ずる。この第2章がパートⅠの核心部をなす。第3章においては，学問のプロによる「謎解き」の具体例を示していく。

パートⅡの応用編ではCを詳しく見ていくが、そこにある四大基礎技能に対応する形でパートⅡは四つの章から成り立っている。これらすべての基礎技能において、リサーチ・トライアングルという「社会科学の設計図」を活用していくことがポイントとなる。

第4章では社会科学文献の効率的・効果的な読み方を説く。第5章では自分の考えを明確にし、それを他者にわかりやすく口頭発表する方法を解説していく。第6章では、他者の意見の扱い方、ならびに討論の場の運営の仕方を説明する。そして第7章では小論文、ゼミ論文、卒業論文の書き方を説明する。

七つの章からなる本書の内容を図で示せば図0-1のようになろう。この図が示す体系が、本書でいうところのリサーチ・トライアングル方式となる。その全体像を理解するためには本書の箇所をすべて読むことが当然望ましいが、時間がないという読者は、まずは第1章・第2章を読んだのち、「読む力」「話す力」「聞く力」「書く力」に関する章を読んでいただきたい。また、本文では説明しなかった補助的な点はBOXのコラムで記した。その他、読者の便宜を考えて、用語解説、因果分析の基礎知識、概念分析の基礎知識、文献案内を巻末に掲載した。ぜひ活用されたい。では、始めよう。

パートI　基礎編

社会科学には設計図がある

第1章

「謎解き」の設計図を理解しよう

この章の構成

1 社会科学は謎を解くのが使命

2 リサーチ・トライアングルが基本

3 ま と め

この章の目的

　この章では社会科学の基本的な考え方を概観する。「社会の○○という課題について研究する」と聞けば，アナタは何を思い浮かべるであろうか。その課題についてできるだけ資料を集め，まとめること？　あるいは「こうあるべきだ」と意見を述べること？　どれも不正解である。「調べつくしました」「私の思いのたけを聞いてください」といくらアナタが訴えても「出直してこい！」と言われるのがオチ。正解は「推論を使って謎を解くこと」。そしてそういった研究ではリサーチ・トライアングルが設計図になっているのだ。これらの点を本章は解説していく。第2章以下では，この章で述べたことが繰り返されることもあるが，その点，ご了承いただきたい。

1 社会科学は謎を解くのが使命

「そもそも，社会科学って何？」という話から始めよう。初学者にわかりやすいようにいえば，社会科学とは「社会現象の謎を解く際に推論を用いる学問」のこと。ここで，キーワードが三つある。**社会現象，謎**，それに**推論**である。社会科学の研究者はいわば探偵。証拠を集めて，推論して，社会現象の謎を解いていくのが仕事なのだ。

三つのキーワード

【社会現象】 社会現象とは，犯罪，戦争，独裁，経済成長，集団自殺，社会格差などといったようなもの。まさしく人間社会に発生する現象。過去に起こった一回の事件（**事例**という）といった具体的なものから抽象的なものまでを指す。探偵の比喩を続けて，ここでは殺人を例に挙げてみよう。「殺人」とひと言でいっても，次のような三つの意味がある。

- 「○○年○○月○○日に○○地区で発生した殺人事件」というような**特定の事例**。「あの〜」で示すことができる（例：戦後日本が経験したあの経済成長）。

- 「同地区で同じ年に起こった複数の殺人事件」というような**事例の集合体**。「一連の〜」でひとくくりできる（例：近年のＡ国とＢ国との間における一連の紛争）。

- 「殺人事件というもの」というような**一般的な現象**。「いわゆる〜」の形で表現できる（例：いわゆる国際犯罪といわれるもの）。

同じ「殺人事件」といっても，これらそれぞれに「犯人は誰か」「なぜこの

地区のみで起こって近隣地区では起こらなかったのか」「なぜ人間は殺人を犯すのか」というように異なる謎が出てくるのだ。そしてこういった謎を探偵である研究者が解いていくというわけである。

【謎】　この謎というものは，基本的には二種類ある（くわえて応用型が二種類あり，合計四種類の謎がある。詳しくは第2章で説明する）。一つは「現象の持つ**属性（性質）**が不明なもの」，もう一つは「現象を引き起こす**原因**が不明なもの」である。それぞれ「アナタは誰？」「あの時，アナタは，なぜ○○したの？」に相当するといえばわかりやすいであろう。答えはそれぞれ「△△の属性を持っていて，▽▽の属性は持っていない」「△△が原因で，▽▽は原因でない」というものになる。「私は日本人で，外国人ではない」「あの時に○○したのはお腹がすいていたからであり，A氏に誘われたからではない」といった具合に。

　犯罪に関する質問を以下に五つ並べるので，それぞれ，属性不明・原因不明いずれの種類の謎なのか判別してみてほしい。

• これは，自殺か他殺か。どちらに分類すべきか。

• この他殺，犯人は誰か，つまり誰がこの殺人を引き起こしたのか。

• さまざまな面で似たような二つの近隣する地区において，一つの地区では犯罪が多発して，もう片方ではほとんど起こらない。なぜこの違いが生じるのか。

• これら四つの地域はさまざまな面で互いに大きく異なるのに，この種の犯罪はすべての地域において頻発している。なぜなのか。

• えっ，この行為，犯罪なの？　そもそも犯罪って何？　何をもってして犯罪と決めつけるの？

答えは次のとおり。真ん中三つの質問は原因を特定しようとする謎で，最初と最後の質問はともに属性を特定しようとするもの。

いちばん初めの「自殺か他殺か」の謎は犯人を特定しようとする一歩手前のもので，そもそも自殺の特性を持っている事件なのか，あるいは他殺の特性を持っている事件なのかという，属性に関する質問だとここでは判断する。もし他殺となれば，その時点で「誰が犯人なのか」と原因特定の質問が続く。

最後の「犯罪なの？」の質問も属性に関するもの。犯罪性の定義に関する謎と言い換えてもよい（属性と概念との違いについては第2章第6節にて詳しく説明するが，ここでは同じものとして話を進めよう）。たとえば現在，日本では大麻（マリファナ）の所持は微量でも犯罪であるが，カナダではそうではない。酒に関してもひと昔前のアメリカでは生産・販売は違法であった。いまは合法である。その時々や場所によって「何を犯罪とみなすのか」という定義が異なるのだ。となると犯罪とわれわれが呼ぶ社会現象の本質は何かという疑問が生じるわけである。

もう少し掘り下げてみよう。「Xという行為や現象は○○」か否か判断する際，われわれはXを○○の定義に照らし合わせたうえで「Xは○○である」あるいは「Xは○○ではない」のいずれかの結論にいたる。「これは，自殺か他殺か」の質問では，自殺・他殺の各定義は前提となっているものの，「これ」に関する情報が定かでない。となれば「これ」に関する情報を集めれば答えが出る。他方，「この行為，犯罪なの？」の質問においては，「この行為」に関する情報は前提となっているものの，犯罪の定義が曖昧と感じられたので生じた謎である。となると，犯罪の定義を明確にすることで答えが出る。

他方，「なぜ」という表現が入っている問題は原因が不明なので謎が生じる。当然，原因が特定できれば謎は解ける。「似たような二つの近隣する地区において，一つの地区だけに犯罪が多発する」という謎は，近隣地区間にある差異を見つけて，そこから犯罪につながるような原因を特定する作業でもって解決する。他方，「一見バラバラな地域の間に共通の犯罪が生じる」場合は地域間に存在する共通の条件を絞り込んでいき，そのなかで犯罪につながる原因を特定するのである。

【推論】 こういった謎を解く際，手元にある証拠をもとに属性や原因を推論することとなる。推論，推理，推定，推測を本書では同じ意味で扱う。細かい点は横において，これらにすべて共通しているのは「不明な属性や因果関係を証拠や理屈を使ってできるだけ正確に特定しようとする知的作業」だということである。初学者にとっては，推論という言葉は聞きなれない言葉かもしれないものの，社会科学研究者の間ではほぼ確立した言葉（英語の inference の訳語）なのであえて本書では採用する。初学者には推論を推理と言い直せば，「ああ，探偵や刑事がすることだな」と直感的にわかりやすいであろう。

探偵や刑事が推理するように，社会科学者も推論する。探偵の例を続けよう。過去にもどって犯罪現場に居合わせることは不可能である。つまり過去に起こった犯罪状況について 100 パーセント確実な情報は現時点からは得ることができない。現時点で手に入る，いわば残された情報は完全ではないかもしれないが，それをもとに誰が犯人なのか推理するしかない。逆の言い方をすれば，その犯罪に関して確実な情報がほぼすべてそろっていれば「犯人は誰？」という謎そのものが生じないのだ。

こういった原因を特定しようとする謎解きと同様に，属性を特定しようとする謎解きにも以上の点はあてはまる。たとえば「この人の国籍は？」という謎はその人が持っている属性が明らかであれば生じない——たとえば，その人のパスポートを見ることができれば。そういう情報が十分にないからこそ謎が生じるのだ。そこで人種や所持品，さらには話す言語からその人の国籍を推論することとなる。専門用語でいえば，原因を推論する作業を**因果的推論**（causal inference），属性を推論する作業を**記述的推論**（descriptive inference）とそれぞれ呼ぶ。

推論することによって属性や原因を特定しようとする一連の作業を本書では**分析**と呼ぶ。刑事ドラマで出てくる DNA 鑑定が分析の好例だ。あるいは防犯カメラの記録を調べるのも分析の一つ。さらには動機，アリバイ，凶器なども特定しないといけない。刑事ドラマで物証（たとえば凶器や DNA）と呼ばれるタイプの証拠を使う分析を**実証**という。他方，「理屈のうえで辻褄があうかどうか」を判断するのが**論証**である。これら二つの方法がともに使われることが多い。たとえば，凶器が容疑者 A の住居で発見されたとしても，動機が特

定できなければ「辻褄があわない」として容疑者Aを犯人と断定できないで
あろう。

　推論を推し進めていく際，たいていは競合する解釈（仮説という）が出てく
る。たとえば容疑者としてX氏とY氏の二人がいるといった具合に。X犯人
説，Y犯人説などと言うこともできるだろう。あるいは国籍特定の場合では，
A国人かB国人か，となる。もちろん競合する解釈は二つに限らず，もっと
多いかもしれない。いずれにせよ，分析（仮説検証とも呼ばれる）を経て，い
ずれの解釈が「正しい」のか判定するのだ（☞*BOX1-1*「『正しい』とは」）。
別の角度からみれば，分析によって自分の解釈を「正しい」，その他の解釈を
「間違い」と証明することとなる。たとえば刑事ドラマで，容疑者が刑事にむ
かって「それはアナタの勝手な想像ではないのか。証明してみろ！」と迫るシ
ーン。刑事は実証結果――たとえば決定的な物証――を示してその容疑者こそ
が犯人だと証明するのである。

　推論は，二種類のタイプに分けることができる。一つは現場主義ともいえる
もの。刑事ドラマでいえば，現場百遍を説く刑事が犯行現場にてさまざまな証
拠を集めていき，そのうえで論証を交えながらX犯人説やY犯人説を組み立
てたり検証したりするタイプの方法である。したがって，いうなれば**実証重視
主義**（筆者の造語）。もう一つは，論証から始めるもので，刑事ドラマ風にい
えばプロファイリングに相当する。なので**論証重視主義**（これも筆者の造語）。
この方法によれば，たとえば猟奇殺人を繰り返すような人物が持つ一般的な特
徴や行動パターンといった「猟奇殺人犯のプロファイル」をまずは持ってくる。
そのうえで実際に起こった今回の猟奇殺人事件に注目する。そしてプロファイ
ルに基づいて捜査線上に浮かび上がった人物を詳しく調べ（ここで実証が入っ
てくる），犯人を絞り込んでいくのである。

　このプロファイルに相当する「一般的な特徴や行動パターンについての説
明」が社会科学でいうところの**理論**に相当する。アナタ自身も「☆さんはそう
いった人なんだよなー」とか「ああ，また▽▽が起こっている。いつもこうな
のよねー」と言ったことがあるかもしれない。☆さんに関する理論と▽▽に関
する理論，それぞれをアナタは想定しているのだ。

　「そもそも○○という社会現象はその時々にかかわらず△△という性質をつ

第1章 「謎解き」の設計図を理解しよう **13**

BOX1-1 「正しい」とは

　日常生活では，「彼女は正しい」「あの人のほうが正しい」「アナタは間違っている」というように正しい・間違っているという言葉をよく使う。対して，社会科学では「より説得力がある」「仮説は支持される」というようなモドカシイ表現をあえて使う。「XのほうがYよりも説得力がある」という具合に。本書において「正しい」という言葉を使うときは「より説得力がある」という意味で使うこととする。では，なぜ「説得力」という表現を使うのか。

　より説得的だ，より強い説得力がある，といった表現は一定の前提を持っている。そもそも，「X説はいつでも絶対に正しいというのではなく，Y説と比較すれば『より正しい』と判断できる」という意味あいをこの表現は含んでいるのだ。したがって「いまある判断材料をもとにすれば」という前提に立っている。もう一つある前提は「扱っている解釈だけを相互比較すれば」というものである。つまり説得力という言葉は，「別の判断材料（たとえば新しい証拠）が出てくれば違う判断を下すかもしれない」，「別の新しい解釈が出てくれば違う判断を下すかもしれない」というただし書きを暗に含んでいるといえよう。対照的に，正しいという言葉は「つねに正しい」という断定的な響きを持ちかねない。説得力の表現を用いるのは持って回った言い方ではあるが，社会科学の立場からすれば適切なもの。同様に，「仮説が証拠によって支持された」「支持されなかった」という表現も「つねに絶対に正しい（間違い）と言っているのでなく，今回はそうであった」という意味あいを含んでいる。

ねに持っており，□□が原因でつねに起こるのだ」といった内容の議論が理論である（ここでは単純化して断定的な表現を使っているが，学術文献では「傾向にある」といったようなニュアンスのある表現が使われる）。○○，△△，□□はそれぞれ一般的な表現（数々の事例を網羅するような表現），つまり**抽象概念**となっている。たとえば「そもそも戦争という社会現象はその時々にかかわらず『明確な指揮系統のもと組織化された暴力行為』という性質をつねに持っており，勢力均衡の破綻が原因でつねに起こるのだ」といった具合に。

　そこで「今回，○○という社会現象が実際に起こった」として，「今回の事例（事件のこと）」に関する属性や原因を理論を使ってより具体的に導いていく。この過程を**操作化**という。刑事ドラマにもどって，たとえば，いま，仮に

愉快犯に関する理論（プロファイル）があるとしよう。くわえて，愉快犯の持つ性質の一つが「目立ちたがりな性向」であると仮定してみよう。この場合，（愉快犯によるものという可能性がある）今回の事件において，浮かび上がってきた容疑者たちの間で目立ちたがりの行動が実際にあったのかどうか，調べていくこととなる。このプロセスを言い換えれば，「目立ちたがりの行動」仮説が愉快犯理論から操作化を経て導き出され，その仮説が今回の事件にあてはまるか検証されていく……というわけだ。

このように推論つまり仮説検証には，理論・操作化を伴うもの（論証重視主義）と伴わないもの（実証重視主義）の二つのタイプがある。ところが実際には，**論証重視主義が社会科学においては重要視されている**。それは社会科学における**理論の重要性**に由来する。すでに指摘したとおり，理論は○○という社会現象に関する一般論，あるいは「そもそも論」である。理論構築こそが社会科学が持っている一大目的だと言ってよい。そのための一つの方法が仮説検証を積み上げていくことである。その結果，社会科学においては理論・操作化を伴う仮説検証が頻繁になされるのだ。刑事ドラマを再び引き合いに出せば，一つの事件を解決することは無論大切ではあるが，そういった事件の犯人に関するプロファイルを構築していくことが重要視されているといえよう。

社会科学のコツ

以上，**社会現象**，**謎**，**推論**のキーワードを中心に社会科学とは何かを説明してきた。要するに，**社会現象について謎を見つけてその属性・原因を推論するのが社会科学**である。したがって，まずは謎を見つけることが社会科学のポイントといえる。謎が見つからなければそのテーマについて研究する必要がないのだから。そして，この謎の見つけ方，そして謎の判定の仕方にはそれなりのコツが欠かせない。

比喩としては刑事ドラマがやはり理解しやすいであろう。繰り返しになるが，刑事や探偵が推理でもって犯罪の謎を解くように，社会科学の研究者も謎を推論でもって解くのである。「誰が犯人なのかわからない」という謎がなければ刑事ドラマは成り立たない。それと同様に，社会現象の属性・原因に関する謎

第 1 章 「謎解き」の設計図を理解しよう **15**

がないと社会科学の研究は成り立たない。両者の違いは，刑事ドラマでは犯罪の謎が初めから設定されているが，社会科学では社会現象の謎を自分で見つけてこないと研究を始めることができないという点である。

このように説明すれば，何が社会科学ではないかも理解できよう。刑事ドラマが歴史ドラマと異なるように，社会科学と人文学は違う。目にみえる社会現象を細かく記述したり，昔起こった出来事を細部まで調べあげてその出来事を再構築することは，大抵の社会科学者にとって主たる目的ではない。人物像を細かく描くというような作業も同様である。これらの行為は謎を特定していないからだ。必要に応じて記述や再構築に携わることもあるが，社会科学者は謎を解くという目的のためにそれらを証拠として（つまり手段として）使うのである。したがって，過去の再構築そのものを主たる目的とするような歴史学とはこの点で大いに異なる。

殺人事件の例で説明してみよう。「犯人は誰か」という謎を解く際，謎解きに必要な情報さえあればいいのであって，その事件をとりまくすべての状況をそっくりそのまま，細かいところまで知る必要はない。さらにいえば，過去の再構築をめざす歴史学では，一つひとつの事例それぞれが持つ特徴を強調する傾向があり，複数の事例を束ねた一般論を語ることにはおおむね否定的である。対して，そういった一般論つまり**理論なしには社会科学は語れない**（☞ *BOX1-2*「社会科学と近隣分野」）。

社会科学は「社会現象の謎を解く際に推論を用いる学問」と説いてきた。しかし，初学者にとっては「自分で謎を見つけてきたうえでそれを解く」という作業は簡単ではない。これまで受けてきた教育のほとんどは「先生が説明する教科書の内容を覚え，それを試験で書き出す」というタイプのものであったであろう。そもそも教科書というものは「謎が解かれた後の情報」つまり「現時点では確定された情報」を束ねたものなのだ。だから初学者に「これだけは知っておくべし」と読ませるのである。となると，いまだ解かれていない謎というようなものは教科書には出ていない。そんなものを見つけろと言われても，なかなか難しいのは無理もない話である。だから社会の出来事について研究発表しろと言われても，「事実の調査をして報告」「自分の意見・感想を述べる」といったこととなってしまうのだ。

BOX1-2 社会科学と近隣分野

　日本の大学にはドイツの学制を導入した歴史があり，また，独自の伝統や学問的文化があって，歴史学が社会科学系の学部に入り込んでいることがままある。たとえば，政治経済学部や法学部政治学科などで政治史が教えられたり，経済学部で経済史が教えられたり，といった具合である。実は方法論の立場からすれば，歴史学は文学や哲学といった人文学に属する。対して筆者が専門とする政治学は経済学，社会学，経営学とともに社会科学に属する。しかし，日本のメディアなどでは政治の歴史を研究する者もそうでない者もひとくくりに「政治学者」と呼ばれたりするので少々まぎらわしい。初学者にとっても混乱のもととなるので注意を要する。他方，英語圏では研究対象と方法論によって区別された学問分野（ディシプリン discipline と呼ばれる）の立場から学部が（一部の例外を除いて）分けられている。

　歴史学と社会科学の違いは何か。例外はあるものの，歴史学は「一つひとつの事例はそれ独自のものであり，それらを通じて何か普遍的なパターンを見つけること（これを**一般化**という）はできない」という立場をとる。他方，そういった**一般化**をめざすのが社会科学である。そして，そういった一般化は抽象的な概念を必然的に伴うし，それらの集合体である理論を活用することにもなる。その最たるものが経済学で，そこでは数学でそういった理論を表現するのだ。政治学でも，たとえば比較政治学の分野において，冷戦期の台湾と韓国の例を引き合いに出し「経済成長が政治の民主化をもたらす」と論じる。これを近代化理論というが，そこでは台湾と韓国をひとくくりにできる，つまり一般化が可能と想定されている。くわえて，

そこで「謎ときの設計図」としてのリサーチ・トライアングルが必要となる。

2　リサーチ・トライアングルが基本

　謎解きのプロセスを段階別に捉えてみよう。それは次の三つの基本的ステップからなる。

　ステップ1　解くべき謎を定める。
　ステップ2　謎を解く。

一般化を試みる際には適切な手法，つまり本書が分析手法と呼ぶものが使われる。社会科学ではそういった知見もこれまで積み上げられてきた。

　歴史学の場合と同様に，地域研究においても一般化は求められない傾向が強いことを付け加えておこう。一般的に言って，地域研究者はその研究対象とする一つの国・民族のプロで，その地域の言語，歴史，文化，思想など総合的知識を貯えることを学問的使命としている。韓国のプロ，台湾のプロといったように（日本語・韓国語・中国語をすべてマスターして，日本，韓国・北朝鮮，中国，これらすべての国・民族に通じている「北東アジア研究者」は非常に稀。同様に東南アジア 10 か国すべての言語をマスターしている「東南アジア研究者」を筆者は知らない）。地域研究者は，上で論じた近代化理論のような複数の国を束ねるような一般化の作業には懐疑的なことが多い。歴史学同様，地域研究も（本書がいうところの社会科学としての）政治学と混同されやすい。

　学生がゼミを選ぶとき，その指導教官が社会科学のプロなのか，それともそれ以外の分野のプロなのか，あらかじめ調べておくにかぎる。また同じ社会科学者でも実証主義者もいればそうでない者もいよう。総合政策学部や国際学部といった学際的な学部においては，さらに事情が込み入っている。こういった学部では，経済学，政治学，社会学，経営学など各種の社会科学分野から専門家が集まっているからだ。そのうえ歴史学や文学といった社会科学以外の分野の専門家も所属していることが多い。このように，ディシプリンの視点からみれば文系といっても実は大変幅が広いので，注意を要する。

　ステップ3　結果を報告する。

　ステップ3を終了したとき，つまり「謎を解き終えた報告」は**リサーチ・トライアングル**の形をとる。リサーチ・トライアングルは六つの部分から成り立っている。まず，リサーチ・トライアングルは三角形なので，三つの頂点は①**リサーチ・クエスチョン**（謎にあたり，以下，同義語として取り扱う），②それに対する**正解**とみなされる答え，そして③**対抗する答え**（つまり「不正解」）である。さらには①と②，①と③の間においてそれぞれ**論理一貫性**が成立している。最後に②と③の間に**分析**が入る。つまり，分析を通して正解が，対抗する答えよりも良い答えだという証明がなされている（図 1-1）。

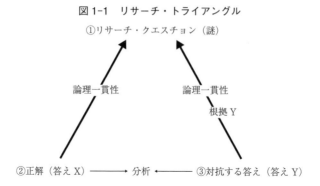

図1-1 リサーチ・トライアングル

　これら六要素のうち，どれか欠けても議論は成立しない，つまり謎が解かれた状況とはならない。要するに，謎解きを行う社会科学にとっては，リサーチ・トライアングルが基本設計図。それが精密なものであればあるほど，より強力な議論となる。また，逆にいえばリサーチ・トライアングルが成立していなかったり，精密さに欠けていると，その議論は失敗となる。

　殺人事件の例を使ってみよう。謎は「この殺人事件，誰が犯人なのか？」というもので，正解は容疑者Pとしよう。対抗する答えは容疑者Q。これら二つの答えと謎との関係はそれぞれ論理的に一貫している。「宇宙人が犯人」や「先祖のたたり」といったような答えであれば謎との間に論理一貫性がない。そして分析はDNA鑑定といった具合である。仮に分析に不備があれば，この「殺人事件リサーチ・トライアングル」は成立しない。たとえば信頼できるDNA鑑定ではなく，信頼性に乏しくて曖昧な目撃証言だと容疑者が確定できないであろう。

　このリサーチ・トライアングルは，社会科学研究のプロによる多くの著作において明示的・暗示的にかかわらず成立している（はずである）。そういった著作においては，「対抗する答え」は従来の研究（**先行研究**）のものであって，「正解」は著者自身が新たに提出するもの。そして，それは分析によって裏打ちされているのである。謎は明示的か暗黙的，いずれかの形で示されている。実は，こういった著作の多くは出版前にレフリーによる審査（**査読**）を受けているのだ。その審査においてリサーチ・トライアングルの質が精査されるとい

うわけ。「このリサーチ・トライアングルには不備がある」となれば失格となり，出版されない。

　また，論者の間で展開される論争もリサーチ・トライアングルを通じて理解できる。つまり，あるリサーチ・クエスチョンについて競合する（少なくとも）二つの答え（図 1-1 でいえば，答え X と答え Y）があって，優劣を争っているのである。この場合，確立した正解はいまだに成立していない。プロの研究者はわざわざこういった状況を探し出し，論争に参加し，正解を提出しようとする。つまり，リサーチ・トライアングルの確定版ともいうべきものを達成しようとする。このように，多くのプロの社会科学研究者にとってはリサーチ・トライアングルを完成することが研究の目標にほかならない。

　初学者が社会現象に関する謎解きに挑戦するときも，リサーチ・トライアングルの完成をめざすことになる。スポーツにおいてプロのレベルとそれ以前のレベルとの間に大きなギャップがあるが，学問の世界でも同じである。初学者にとってリサーチ・トライアングルの完成が最終目標であるとしても，プロのようにはいかない。となると，プロ以前の学生にとっては次のような視点が欠かせない。つまり完成すべきリサーチ・トライアングル（上で触れたステップ 3）からいわば逆算して，適切な謎，つまり解けそうな謎をまずは選び（ステップ 1），さらには現実的・技術的に可能な分析（謎解きの行為そのもの）をする（ステップ 2）ことが賢明な作戦だということである。そもそも解けそうもない謎を選んだり，あるいは信頼性に欠ける分析を試みてはリサーチ・トライアングルは成立しないのだ。

　たとえば「世界平和を達成するにはどうしたらよいのか」というような大風呂敷を広げたような謎はリサーチ・トライアングルには向いていないと思ったほうがよい（研究のプロなら話は別だが）。まず，「そもそも平和とは何？」という大変手ごわい概念についての問題がある。さらには「平和教育を世界レベルで行うべし」といったような答えも「では実際にはどのように実施するのか（つまり無理ではないか）」というような方法論上の大問題を抱えていて説得力がない。このように，この謎について納得のいくようなリサーチ・トライアングルを成立させることは並大抵のことではなかろう。つまり，謎は解けないのだ。となると，初学者はこの種の謎はそもそも避けるのが賢明だということ

になる。

　別の言い方をすれば，**勝手気ままに「これが面白そう」ということだけで，研究テーマ（つまり謎）を選んではいけない。実行可能性（フィージビリティーという），つまり解決可能性があるものを選ぶ**ということを忘れないでほしい。繰り返しになるが「リサーチ・トライアングルの確立が最終目的であり，そこから逆算してテーマ（謎）を選ぶこと」は初学者にとって従うべき基本原則の一つであることを強調しておきたい。

　刑事ドラマの例に戻れば，「この殺人事件，犯人は誰？」という謎は解決可能性を持っているが，「この世のなかから犯罪を完全になくすにはどうしたらよいのか」という謎はそうではない。犯人を特定する分析方法に関してはDNA鑑定が確立されている。占い師に頼るのは信頼性にかける。謎・分析手法ともに適切なものを選ばない限り，リサーチ・トライアングルは確立しない。したがって，犯罪に関するこれら二つの謎に直面した際には「この殺人事件，犯人は誰？」のみを選択し，分析手法は最も信頼性の高いもの——現代ではDNA鑑定——をできるだけ選ぶ，という判断が賢明なものということになる。

　いずれにせよ，**「謎解きを使命とする社会科学においては，リサーチ・トライアングルは基本設計図であって，その完成をもって謎解きが終了する」**という認識は欠かせない（☞BOX1-3「その他の『設計図』」）。さらには初学者にとっては，リサーチ・トライアングルはさまざまな場面においてチェックシートやガイドラインの役割を果たすのである。

　たとえば，これまで発表されてきた学術文献の内容を的確かつ要領よく理解するには，「この著者が想定しているリサーチ・トライアングルは何か」という視点を持つに限る。そしてリサーチ・トライアングルの全要素を探し確定していくのだ。そうすれば難解な内容に惑わされずに骨子を押さえることができる。前述したとおり，こういった研究はそもそもリサーチ・トライアングルを採用しているのだから，その知識を利用するとよい。同様に，ジャーナリストなど学術のプロでない著者による文章を整理立てて理解する際にも，リサーチ・トライアングルは読解のためのガイドラインとして役に立つ。

　そのうえ，自分自身が考えをまとめる際に，さらにはきちんとした論文を書くためにも「設計図としてのリサーチ・トライアングル」は欠かせない。それ

第 *1* 章 「謎解き」の設計図を理解しよう　　**21**

BOX1-3　その他の「設計図」

　リサーチ・トライアングルのほか，さまざまな「設計図」が存在し，各分野によってそれらは使用されている。たとえば戦略論（経営学や国際政治学）においては「一つの目標と複数の手段」がそれにあたる。以下の *BOX2-4* で説明する**ピラミッド・ストラクチャー**もそうである。その他，**決定木（分析）**（decision tree）や**MECE**（mutually exclusive, collectively exhaustive の略で「漏れ無し，ダブリ無し」の意味）などが知られている。これらもリサーチ・トライアングルと同様に「目の前に混沌とした状況」にあてがう枠組みで，情報を整理・体系化し意味づけようとする手段といえよう。

まで曖昧であった頭のなかを整理したい時や，論文の構成を考える時に情報をリサーチ・トライアングルにあてはめていくのである。すると焦点が合わさってきて，スッキリ議論がまとまってくる。それまで苦戦していたパズルが解けたように。また，他人にアナタの見解を口頭で体系的に伝えていきたい時，リサーチ・トライアングルをガイドラインにして発表すると聴衆者は要点を理解しやすい。さらにはアナタに投げかけられた質問に対応する時，「ああ，この質問はリサーチ・トライアングルのこの箇所についてのものだな」と判断ができ，適切に判断し対処できる。聴衆者側からすれば「よく理解できる立派な発表だった」となる。これらの場面すべてにおいてリサーチ・トライアングルという「社会科学の基本的設計図」は重宝するといえよう。

　リサーチ・トライアングルが持っている最後の効用は，他人の発表内容を理解し，さらにはそこにある問題点を指摘する際に，チェックシートの役割を果たすことである。発表を聞きながら，リサーチ・トライアングルの全要素をチェックしていく。そうすれば改善すべきところが見えてきて建設的なコメントができよう。そうでなければ感想めいたことしか発表者に言えない状況，あるいはそもそも発表内容を十分に理解できない状況に陥るかもしれない。また，セミナーなど討論の場で意見が食い違うとき，ここでもリサーチ・トライアングルをチェックシートとして活用できる。そうすれば，どの点において意見が対立しているのか診断できるのだ。このようにリサーチ・トライアングルという設計図を持っている価値は高く，さまざまな場面で有用である。

3 ま と め

本章で説いた二つの要点を箇条書きにしてみよう。

- 社会科学は推論を使う謎解きである。
- 社会科学においてはリサーチ・トライアングルが基本的設計図で，多くの活用法がある。

　社会現象に関する謎を推論を使って解くのが社会科学である。社会現象について詳しく事実を述べることは社会科学ではない。いわんや感想を述べることでもない。「謎解き」こそが社会科学の核心部といえよう。これが出発点である。

　「社会科学は謎解きだ」という点を別の視点からみれば，謎を無事に解き終えた際には次の六つが成立しているはずである。まず，謎そのもの。つぎに謎を正しく解いた際に出てくる答え，いわば正解。そして，正解と競合する答え。さらには謎と正解との関係，謎と競合する答えとの関係，つまりそれぞれにおける論理一貫性。最後に，この競合する答えよりも正解のほうがよりよい答えだと示す分析である。これらを三角形の形で表現したものがリサーチ・トライアングルにほかならない。とある社会現象について，リサーチ・トライアングルをしっかり確立させることこそが，社会科学の基本的な目標なのだ。

　また，リサーチ・トライアングルは社会科学にとって基本的設計図の役割も果たしている。このことを理解すれば，さまざまな局面で迷うことがなくなる。まず学術研究の成果の多くはリサーチ・トライアングルの体裁をとっているので，上記の全要素を把握すれば，その学術研究の内容を的確に理解できよう。また，自分の頭が混乱しているとき，これらの要素に焦点をあてていけば，自分の考えをスッキリと整理することができる。自分自身が口頭発表するときも，あるいは他人の発表を聞くときも，リサーチ・トライアングルはチェックリストの役割を果たすので，有効なコミュニケーションのためのチェックリストと

して活用できる。さらには論争があれば，リサーチ・トライアングルに照らし合わせるとよい。そうすることによって，対立点がリサーチ・トライアングルのどの要素に関するものなのかはっきりしてくる。このように，リサーチ・トライアングルをマスターすれば，その効用は大きい。

　では，次章ではリサーチ・トライアングルをより詳しくみていこう。

第 2 章

リサーチ・トライアングルとは何か

この章の構成

1　詳しい全体図

2　リサーチ・クエスチョンと文脈

3　「正解」と「対抗する答え」の条件

4　論理一貫性が必要

5　分析で証明する

6　四タイプのリサーチ・トライアングル

7　ま と め

―― この章の目的 ――

　本章ではリサーチ・トライアングルをより詳しく見ていく。まずは，全体像を確認し，そのあと各要素を解説する。他方，リサーチ・トライアングルには四つのタイプがある。本章はおのおののタイプが持つ特色を説明していく。

1　詳しい全体図

まずはリサーチ・トライアングルをもう一度，そしてより詳しく可視化しよう。

前章では，リサーチ・トライアングルは六要素から成り立っていると述べた。すなわち，リサーチ・クエスチョン，正解，対抗する答え，二組の論理一貫性，分析の六つである。本章では，これらの要素に以下の三点を新たに加える（図2-1参照）。

● リサーチ・クエスチョン（謎）は四種類あって（後述），それから一つ選ぶこと。

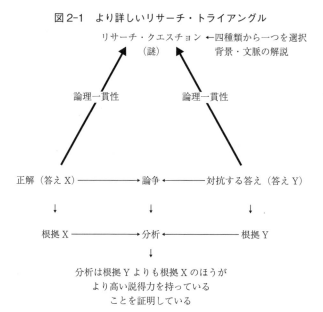

図2-1　より詳しいリサーチ・トライアングル

- リサーチ・クエスチョンの背景・文脈の解説。これがあるとリサーチ・クエスチョンが理解しやすくなる。

- 正解ならびに対抗する答えは論争の間柄にあり，おのおの異なる根拠を伴っている。分析では，これら二組の相対する根拠を突き合わせて正解の根拠が対抗する答えの根拠よりも高い説得力があることを示す。

ここで完成されたリサーチ・トライアングルで満たされている条件をいま一度確認しておこう。

- 六つある要素のうち一つも欠けていない。

- リサーチ・クエスチョン，正解，対抗する答え，そして分析において使用されている概念が曖昧でない。たとえば，リサーチ・クエスチョンで使われている概念（謎の内容）が明確なこと。

- 正解および対抗する答えはともに論理的で謎と矛盾しない。たとえば，謎は因果関係についてのものなのに，答えは属性に関するものといったようなことはない。当然，同様の矛盾は二つの答えの間にはない。

- 分析に不具合がないこと。たとえば判断の基準が明確でそれが公平で適切に相対する二つの答えにあてはめられていること。

以上の点を踏まえて，各要素についておのおのの注意点をさらに詳しく見ていこう。便宜上，リサーチ・トライアングルを組み立てていくという視点にたって，解説していく。

2 リサーチ・クエスチョンと文脈

　リサーチ・クエスチョンは謎である。なので，調べればすぐに解ける，正解が見つかるというものではいけない。たとえば，「現在において日本の首都はどこか」という単純な事実を問うのは不可である。答えるのに推論しなくてよいから謎とは言えない。対して「邪馬台国はどこにあったのか」という問いは謎といえる。調べてもすぐにわかる事実がないので推論を用いることとなるからだ。その他，辞書で調べればわかる概念なども避けるべきであろう。さらには，「宇宙人が攻めてきたらどうなるのか」といったような突拍子もない議論や陰謀論も避けるべきである（☞BOX2-1「社会科学的リテラシーの大切さ」）。

　実はリサーチ・クエスチョンには四種類のものがある。種類によって答えや分析方法も異なってくるので，**四つのタイプのリサーチ・トライアングルが存在する**こととなる。詳しくは本章の第6節で後述するが，ここでのポイントは，四種類のうち，どれを扱っているのかという認識が重要であるということ。リサーチ・クエスチョンの種類を特定できれば，そのあと，答えや分析が持つであろう特徴も予測できるのだから。

　さて，リサーチ・クエスチョンそのものと同時に，それを取り巻く具体的な背景や文脈を知ることはリサーチ・クエスチョンをよりよく理解するうえで欠かせない。とある事件の原因を突き止めるのに，その事件を取り巻く社会情勢といったような背景情報が役に立つという例からも，この点は容易に理解できよう。

　したがって，リサーチ・クエスチョンそのものを明確にする作業と並行して，背景・文脈を捉える必要がある。くわえて，リサーチ・クエスチョンが想定している前提や条件もその際，明らかにするとよい。たとえば，対象としている地域や時間帯の設定などだ。また，必要があれば入手できる情報に関する限界（たとえば資料の不足など）も補足事項としてあらかじめ述べるのもよかろう。

3 「正解」と「対抗する答え」の条件

リサーチ・トライアングルにおける答えは少なくとも二つは存在する。そのうちの一つはリサーチ・クエスチョンに対する正解。そしてそれに対抗する答え（つまり正解への反論）が少なくとも一つある（便宜上，図 2-1 では一つのみ示している）。

これら双方の答えは，**却下される可能性（反証可能性という）を持つもの**でなければならない。言い換えれば「それ，当たり前の事実でしょ」というようなものはダメなのだ。たとえばすでに使った東京の例をみてみよう。「現代日本の首都は東京である」というのは明らかな事実を述べているだけで，分析して却下することはできない。これでは社会科学研究の答えにはならないのである。一方，「邪馬台国はどこにあったのか」という問いに対する答えとして，畿内説や九州説を答えとして提出するのは妥当である。いずれの答えを提出しても，それが分析の結果，却下される可能性があるからだ。たとえば考古学で新たに発見された遺跡などによって答えの是非が判明するだろう。

反証可能性を持つ答えをより正確に表す一般的な形は「X であって Y ではない」というものである。いま「S であって T ではない」という仮説（つまり正解の候補）があったとしよう。分析のあとに「まさに S であって T ではない」と判定されれば，この仮説は支持される，つまり正しいとなり，逆に「T であって S ではない」と判定されれば仮説は不支持（間違い）となる。たとえば，上で触れた畿内説をより正確に表せば「（邪馬台国があったのは）近畿地方であって九州ではない」というものとなる。いま，仮に「近畿地方ではなく九州に邪馬台国はあった」と示す強力な証拠が出てきたとしよう。そうなれば畿内説は間違いで九州説が正しいということになる。

日常会話では「原因は M である」（例：あの戦争が起こったのは指導者 P のせいだ！）とか「その属性は N である」（例：あの人物の本当の国籍は Q 国だ！）というような断定的な表現がよく目につく。これらはそれぞれ「原因は M で，その他のものではない」「その属性は N でその他のものではない」

BOX2-1　社会科学的リテラシーの大切さ

　日常生活においても**社会科学的リテラシー**は欠かせない。ここでは三つの例を提示しよう。

　まず，パワースポットやパワーストーン。これらがもたらす「ご利益」は確率論でいえばほぼ皆無である。因果関係にあてはめればパワースポットやパワーストーンが原因で，ご利益が結果にあたるが，少々難しい言い方をすればそこに「有意な因果関係はない」と言える。「当たりがよく出る宝くじ売り場」も同じ。ご利益が実際にあった例や当たりが出た例が成功の証として喧伝されるが，それは何万件，何百万件あるうちのごく少数でほかの大多数の失敗例を無視している（ちなみに，人口が日本の約3分の1であるカナダの場合，宝くじで最高額賞金が当たる確率は1400万分の1ほどと言われている）。これを**事例選択のバイアス**という。確率論からいえば，成功例が出る確率は極端に小さい。まるで，アナタが明日，交通事故にあう確率のように。つまり成功は全くのマグレにすぎない。

　つぎに「○○が実は裏で物事を操っている」という陰謀論を見てみよう。「○○人（グループ）が世界を裏で支配している」といったような議論である。この手の議論が抱える大問題は，いくらそれに合致しない証拠が出てきても議論を否定することができないこと。そういった証拠をいくら前にしても「○○人（グループ）はそれを示すことで，われわれを油断させているのだ」といった具合に言い逃れるのだ。言い換えれば，○○人（グループ）は全能なのであって，失敗はしないと想定されている。要するに，陰謀論はつねに正しい。

　社会科学の用語では，こういったタイプの「つねに正しい」議論を**ドグマ**と言って，理論と分けて考える。**ドグマは社会科学の対象ではない**。このことを明確にしておこう。

　「つねに正しい」議論は言い方を変えれば「**反証可能性を持っていない**」と言え

というものの簡略型と考えることができる。本章の最初に表したリサーチ・トライアングルの図でいえば，答えＹが「その他のもの」となる。文献においても，こういった断定的な表現は学術文献以外のもの（たとえばジャーナリストによるもの）においてみられるが，その場合にでも同様にリサーチ・トライアングルに落とし込むことが可能である。

　いま，仮に次の場面を考えてみよう。数人に「現象Ｚの原因は何だと思

る。反証とは簡単にいえば「それは間違っているという証明」のこと。対して，**反証可能な議論が理論である**。議論と合わない証拠が出てくれば理論は訂正されることとなるのだ。極端な場合はすべて棄却される。さらには「**すべての状況が説明できる理論**」というのは存在せず，**必ず適用条件・範囲を理論は伴う**。つまり「××の状況では，この理論は事象を説明できない」と認めるのである。ドグマにはこういった制限がない。陰謀論者はあたかも真実を説くかのようにふるまう。その際，アナタは惑わされずに反証可能性を考えるべきである。

　最後に**リスク**について。社会生活はなんらかのリスクを必然的に伴う。リスク・ゼロの状況はありえない。われわれは各自，リスクを計算しながら自己責任で生きていくしかない。必要であれば保険に入る。たとえば，アナタは「飛行機が墜落する確率がゼロではないので飛行機には乗らない」というようなことはしないであろう。墜落する確率はあるものの極端に小さい。他方，飛行機に乗って達成できる利益がはるかに大きい。あるいは，「宝くじで大賞金が当たる確率は極端に小さいものの，はずれてもコストは少ない」としてアナタは宝くじを買うかもしれない。さらには「戦場に行くと死ぬリスクが高いので，そんなところには出向かない」という一般市民（非戦闘員）の判断もうなずける。くわえて，万が一のことを考えてアナタの家族はさまざまな保険に入っているであろう。これらはすべてまっとうな「リスクとの付き合い方」である。

　ところがリスク・ゼロという非現実的な状況があたかも可能であるような言動も世間にはあふれているのではなかろうか。たとえば「リスクがゼロではないので○○計画を止めました」といったような一見すれば責任感があふれるような決断。さらには威勢がいい「政府はリスク・ゼロの状況を保証せよ」といわんばかりの要求。社会科学的リテラシーを持つアナタは，こういった言動に惑わされてはならない。

う？」と個別に尋ねていった結果，ある者たちは「原因は X」と言い，別の者たちは「原因は Y」と言ったとする。両者をグループ分けしていくと，前者のグループにおいては各人は「原因は X でその他のものではない」と言っていることになる。同様に後者のグループでは，「原因は Y でその他のものではない」というのが共通の意見だ。これら二つのグループを合わせてみれば，原因 X 説のグループと原因 Y 説のグループが成立する。前者は「原因は X で

Yではない」，後者は「原因はYであってXではない」とそれぞれ主張していることとなる。似たような作業は，文献においても可能である。あるテーマに関して，それぞれの文献アイテムは断定的な「原因は〇〇である」方式の主張しかしていないかもしれないが，多数集めた結果，文献を全体としてみてみると「原因X説と原因Y説との論争」が浮かび上がってくるかもしれない。

4 論理一貫性が必要

謎と答えの関係は論理的でなければならない。これまで，殺人事件の例においては「宇宙人が犯人！」や「先祖のたたりだ！」といったような答えでは謎との間に論理一貫性が存在しえないと指摘した。また，因果関係の謎に対して答えは属性に関するものであってはいけないとも説いた。これらは選んだ答えが間違いの例であった。暗黙の前提となっているのは，謎そのものについては問題がないというものである。

しかし，謎そのものが曖昧であるため，答えとの関係に矛盾が生じる場合もありうる。その場合，謎そのものを改訂して論理的に一貫した関係を答えとの間に成立させる必要が生じる。

たとえばいま，東アジア系の人物がわれわれの目の前にいて「この人物は何人か」という謎があるとしよう。さらに，この人物は中国系カナダ人，それも両親とも中国出身の人物であると想定しよう。この場合，この人物は民族上では華人であり，同時に国籍上はカナダ人である。この場合，「この人物は何人か」という問いに対して，華人・カナダ人のいずれが正解なのか確定できない（答えの候補はこれら二つしかないという前提）。「何人か」という謎の内容が曖昧だからである。このままでは，いずれの答えも謎との間で一対一の関係を確立できない。こういった混乱を避けるためには謎を「民族のうえでは何人か」あるいは「いずれの国籍を持っているのか」と具体的なものに変換する必要がある。

こういった説明が明らかにするように，論理的矛盾や曖昧さが謎と答えとの関係に存在してはならない。これが論理一貫性の意味するところである。謎と

正解の関係についても，そして謎と対抗する答えの関係についてもこの点はあてはまる。

5　分析で証明する

「リサーチ・クエスチョンに関して，なぜ答え X が答え Y よりも正しいのか」を証明することが分析の目的である。刑事ドラマでいえば，事件の謎を解いて数ある容疑者から犯人を特定する場面にあたる。ここがしっかりしていなければ刑事ドラマそのものの価値が下がるのと同様，分析手法の質によって研究の価値が決まるといってもよい。「犯人は結局わかりません」というのはダメ。同様に「いずれの答えがより優れているのか……結局わかりません」というのもいただけない。

　要するに，リサーチ・トライアングルにおいて分析が核心部なのだ。ほかの要素がきちんとしていても，分析が悪ければリサーチ・トライアングルそのものが弱くなってしまう。

　具体的には，相対する二つの答え（あるいはそれ以上の数の答え）を比較する際，それぞれが持っている根拠（論証と実証）を突き合わせて，どれが最も高い説得力を持っているか総合的に判断することとなる。比喩として民事裁判を挙げてみよう。まず，原告（裁判に訴え出た人）と被告（原告に訴えられた人）はそれぞれの根拠を裁判官に向かって述べる。両方の見解を聞いたうえで裁判官は原告・被告のどちらに説得力があるのか，一定のルール（判例など）に基づいて判決を下す。「原告・被告のどちらが他方よりも説得力があるのか」という問いを前にして，裁判官はこれまでのいきさつを十分に踏まえたうえで判決を下すというわけである。

　これをリサーチ・トライアングルにあてはめてみよう。判決の結果，原告か被告の一方が正解となり，もう一方が対抗する答えとなる。つまり，原告・被告双方の根拠を吟味し，両者間のいきさつを踏まえた後，そして判例などのルールにのっとって，裁判官は原告か被告のいずれかを正解とした……。こうなる。

社会現象に関する分析の方法については，これまで研究者によって知見が蓄積されてきた。社会科学の諸分野それぞれにおいて，特有の分析手法が確立されており，専門課程で（あるいはそれ以前にも）学ぶ機会があろう。たとえば，集計した大量の**数量的データ**を統計学を使って仮説検証する手法（**定量的分析手法**）はそういった分析手法の一つである。他方，少数の事例を詳細に記述する（つまり数量的には表せない）**質的データ**を使って仮説を検証していく手法（**定性的分析手法**）もある。この場合，たとえば，聞き取り調査（アンケート）の結果や過去の政府文書といったような資料が実際には使われる（以下，本書において「データ」とだけ言及する際，数量的なものだけではなく質的なものも含む。つまりこの場合，データとは情報・証拠一般を意味する）。定量的分析手法，定性的分析手法はともに実証的な分析手法（つまり仮説検証の方法）であるが，論証だけに頼る分野もある。たとえば数学を使った**ゲーム理論**（合理的選択アプローチの一つ）の世界では論証（この場合，**演繹法**とも呼ばれる）が主流である。さらには，文化人類学のような分野では**エスノグラフィー**が採用されることが多い。

ここでは，専攻課程に進む前の段階にいる初学者にとって「基本の基本」ともいうべき点について二点触れておきたい。

第一に，知的基礎能力を養う目的のため，文献ですでに提出されている議論や証拠を並べて比較・吟味・検討し，その結果，総合的に判断して「最も説得力がありそうな答え」を選ぶというトレーニングを積むことである。集めた文献だけを使う作戦をきちんとこなすだけでも，初学者にとっては大きなチャレンジであろう。提出済みの議論が展開する論理や証拠を正確に理解し，相互比較していき，判定基準を明らかにしつつ公平に判断を下さなければならないのだから。まさに，裁判官の役割を果たすのである。

つまり，文献にある論証結果や実証結果を「X説対Y説」という形で仕分けして吟味していくこととなる。「論理に矛盾はないか」「証拠は説得力があるか」という視点でもって，文献に出ているさまざまな答えを自分なりに突き合わせていくのだ。仮に明らかな論争を発見すれば，そこではお互いに批判していることが多いので比較的取り組みやすい（第4章にて，文献の読み方を説明する）。

第2章　リサーチ・トライアングルとは何か　　**35**

　第二に，社会情勢や身の周りのことをリサーチ・トライアングルの枠組みを使いながら理解するように，ここでも思考トレーニングを続けることである。とりわけ，謎解き，つまり分析を頭のなかで試みてほしい。謎を解いて正解を出すことはできないかもしれないが，まずはリサーチ・トライアングルを関心ある社会現象にあてはめ，自分なりに分析してみるのだ。そういった思考のパターンや発想法を身につけるために自己鍛錬するのである。より身近には，自分の考えをまとめ，さらには他人の見解を把握する際，分析の箇所に注意を払いつつ論理的・体系的に考えぬくクセをつけてほしい（この点については第5章・第6章でより詳しく説明する）。

　これら二点において，繰り返しになるが分析における論証と実証という二つの手段についてもう一度確認しておこう。論証とは，論理のうえで答えXが答えYよりも強い説得力を持っていること（あるいは，より少ない弱点を持ってること）を示す方法のこと。別の言い方をすれば，理屈や論法を駆使して相手を論破しようというものである。たとえば，相手側の議論には矛盾点があるが，自分の議論にはない，といったように。他方，実証とは事実に関する情報（証拠）を用いて仮説検証をするもの。証拠に照らし合わせれば，自分の議論（仮説）のほうが相手の議論（仮説）よりも正しい，といったタイプの説得法である。

　しかし，**正攻法はやはり論証と実証をともに実施する**ことだと理解してほしい。つまり，完全ではないかもしれないものの，自分で論証を試みたり実証をしたりして，双方を組み合わせる。いうなれば探偵や刑事のように頭を使い，手に入る証拠を使いながら推理していき，そしてプロファイリングも試みて複数の容疑者（仮説）から犯人（正解）を探っていくのである。

　競合する「正解の候補」の優劣を判断する共通基準（同じ基準を正解の候補すべてにあてはめないといけない）であるが，たとえば以下のものとなろう（例にすぎないことに注意）。これらを参照して，共通スコアシートをアナタ自身で作成してもよい。それを正解の候補ごとにあてはめていき，結果を比べ，スコアーが高いほうの候補を選ぶのである。別の言い方をするならば，正解の候補おのおのには（複数の）根拠が挙げられているはずなので，その根拠の質・量を共通基準でチェックしていき，比較したうえで最後にスコアーが高い

ほうの候補をより高い説得力（あるいはより少ない弱点）を持っているものとして選ぶこととなる。

【論証の優劣を判断する基準】

- リサーチ・トライアングルが暗黙にせよ存在するか。要素は十分にあるか。
- 使用されている概念（リサーチ・トライアングルならびに「答え」における言葉の定義）はすべて明確か。
- リサーチ・トライアングル内における論理一貫性はあるか。ここでいう論理一貫性とは，「リサーチ・クエスチョン，正解，対抗する答え」三者間のものだけではなく，使用された分析法や根拠の妥当性，さらには挙げられている根拠の間に矛盾がないこと等を含む。これらのうち，論理が弱い点はないのか。
- 正解を導く際に想定されている前提（複数あるかもしれない）に無理はないのか。たとえば，なんらかの因果関係が前提とされているならば，その前提は妥当なのか。複数の前提の間に矛盾はないのか。

【実証の優劣を判断する基準】

- 証拠の質と量は十分か。
  - 一般的に言って，証拠の量については，正しい証拠の数が多ければ多いほどよい。
  - 証拠の質については，そもそも使用されている証拠にどの程度，**妥当性**（恣意性のなさと，有効性）があるか。そこに問題はないか（たとえば事実の誤認はないか）。
    - **恣意性**とは「自分に都合のよい証拠を採用し，都合の悪い証拠は採用しない」という偏りがあること。
    - **有効性**とは「証拠が『答え』に論理的に合致している」こと。
  - 証拠の質は高いほうがよい。以下に示す刑事ドラマの例のように，最も低いものから最も高いものまである。

質の低い証拠　【可能性のみで，確証にはいたらない証拠】　たとえば動機。殺人の動機があったからといって容疑者は殺人を犯したとは限らない。

【アリバイ】　アリバイがあれば犯人ではないものの，アリバイがなければ犯人である可能性があるのみで，犯人であるという証拠にはならない。

【決め手となる証拠】　たとえば，殺人に使われた凶器。凶器が容疑者Aの所持品から出てくれば容疑者Aが犯人である可能性は高まるものの，真の犯人である容疑者Bがわざと容疑者Aの所持品に凶器を忍ばせた可能性は残る。

質の高い証拠　【決定的証拠】　現行犯逮捕の場合や，殺人行為を映したビデオなど。

＊　証拠の質については次の文献が出典であるが，日本人読者にわかりやすい表現方法に改めた。スティーヴン・ヴァン・エヴェラ（野口和彦・渡辺紫乃訳）『政治学のリサーチ・メソッド』勁草書房，2009年，30-35頁。

6　四タイプのリサーチ・トライアングル

社会現象についての謎は，大きく分けて四種類ある。

- 因果関係における原因に関する謎
- 選ぶべき政策に関する謎
- 属性ないしは概念に関する謎
- 過去ないしは現時点での行動・事例についての評価に関する謎

それぞれを対象とする研究にラベルをつけるならば，**因果研究，政策研究，属性・概念研究，評価研究**となる。これらはそれぞれ固有の性質を持っている。したがって，リサーチ・トライアングルも四種類存在することとなる。実は第

五の研究として道徳問題に関する謎を扱う道徳研究もあるが，初学者には大変難しいのでここでは割愛する（詳しくは *BOX2-2*「道徳論」をみよ）。また，この点が示すように，以下に展開する説明は初学者を読者の対象とするものであり，初学者にとって意味のあるものに限ることをあらかじめ指摘しておきたい。

上で挙げた四種類の研究のうち，**因果研究と属性・概念研究が社会科学にとって基本的なもの**であることはすでに第1章第1節で指摘した。その際に使用した例でいえば，「この他殺の犯人は誰か」という謎が因果研究の対象となる。そして「アナタは誰？」や「そもそも犯罪とは何？」といった謎が属性・概念研究の対象だ。

他方，**政策研究と評価研究は応用型**といえよう。まず，「将来〇〇をすべきかどうか」というタイプの謎を解くのが政策研究であるが，そこでは政策の対象となる社会現象についてなんらかの因果関係を暗黙的に想定している（本節で後述するように政策研究には二つのタイプがあり，ここでは本書が「功利主義に基づく評価研究」というタイプのものに限って議論している）。つまり「〇〇をすべきかどうか」という謎は「△△が原因となって〇〇が生じるので，〇〇を達成するならば△△を操作すべき」という想定に基づいている。さらには，△△と〇〇との間の因果関係は将来も変わらないという前提の上に政策研究は議論を展開するのである。想定されている因果関係そのものを政策研究は探求しない。それは因果研究の仕事であるから。したがって，因果研究の成果という基盤の上に政策研究は成り立っているといえよう。この意味で，政策研究は因果研究の応用型なのである。

評価研究は「これは成功なのか，あるいは失敗なのか」といったような判断をめぐる謎を解くもの。「そんなの，そもそも成功をどう定義するのかによって答えは変わってくる」とアナタは思うかもしれない。そうであれば，この場合の「成功」が具体的に何を意味しているかを判断するための，属性・概念研究が必要となる（むろん複雑な研究とはならないであろうが，原理上はそうである）。いうなれば属性・概念研究がまずあって，そのうえで評価研究が成り立つのである。因果研究がまずあって政策研究が成り立つように。この意味で，評価研究は属性・概念研究の応用型といえる。

第2章　リサーチ・トライアングルとは何か　　39

BOX2-2　道徳論

　道徳の問題あるいは倫理の問題，たとえば「道徳に基づいて××をすべきか否か」「道徳に基づけば○○は望ましいのかどうか」「過去の政策Xは道徳的に正しかったのか否か」といったような問題は大変込み入っており取り扱いが難しい（ここでは道徳と倫理を同義語として扱う）。

　まず**道徳**に関しては二つのタイプの判断基準がある。たとえば，「ジェノサイド（大量殺人）は道徳的に許されるのか」というリサーチ・クエスチョンを取り扱ってみよう。さらには「許されない，殺人だから」という，いわば常識的な答えが正解だと想定してみよう。そこにある道徳的基準は「その理由や目的はなんであれ，殺人という行為自体が悪いので絶対許されない」というものであろう。こういった「行為そのもの」に焦点をあわせる考え方を**義務論**という。

　他方，次のような答えはどうであろうか。「世界人口は爆発的に増加しており，このままでは人類は破滅に向かう。したがって人口調整の目的のためには，ジェノサイドは有効であり，やむをえない」。こういった目的（あるいは行為の結果）に焦点を絞る立場を**結果論**という。結果論を単純化すれば，「目的のためにはあらゆる手段が許される」というものになり，「目的や結果がなんであれ手段そのものが道徳的に正しくないといけない」という義務論とは大いに異なる。

　別の例。いま，自分のチームのなかのごく少数の者が絶体絶命の状況に陥ったとしよう。さらには，彼（女）らを助けだすのは大変危険で，助けようとすれば残りの大多数のチームメートのなかから被害者が多く出るかもしれないとする。アナタはチーム・リーダー。「一人でもチームメートの命は大切で見逃すことはできない」とあえて危険を冒して救出作戦を命令するのか。それとも「大多数の命を危険な目にあわすことはできない。残念だけども少数の人たちには犠牲になってもらう」と判断するのか。前者は「一人の命でも救うべき，いかなるコストを払っても」という義務論であり，後者は「大多数の人間の命は少数の人間の命より大切，つまり数がものをいう」という結果論である。

　このように義務論と結果論は一見すれば「水と油」の関係にある。ジェノサイドの例も，救出作戦の例もともに，義務論と結果論のいずれが正しくていずれが間違っているものか判然としない（少なくとも表面的には）。初学者にとってはハードルが高いだろう。よって本書では道徳論は取り扱わない。

これら四つの研究タイプを以下，詳しく説明していく。そして次章では実際の例を具体的に挙げる。その前に三つほど留意点を指摘しておこう。

まず，四つのタイプのうち，政策研究と評価研究が初学者にとっては直感的に取り組みやすいかもしれない。しかし，謎を解くのは単純ではない。以下に説明する手はずをキッチリと実施する必要がある。また，以下に指摘するように，将来を予測しようとする研究ならびに価値に関する（政策）研究はともに重要ではあるものの，取り扱いが難しいため初学者には推奨しない。つまり，これら二つの研究についてはリサーチ・トライアングルを確立するのは上級者でないと難しいのである。むろん，頭の体操として取り組んだり，討論会（主張を取り交わすものの「いずれが正しい」のか論証・実証を求めないディベート）のテーマとして採用するのは問題ない。

つぎに，便宜上，四つのタイプを別々のものとして取り扱うが，実際には複数のタイプが連なって議論され，いわば複合体の形をとっている状況もありうる。その場合，研究タイプごとに分解していくことが必要となる。

たとえば国家Aの貧困問題について，総合的な研究がいまあるとしよう。具体的には「国家Aにおける貧困とは何か」「国家Aにおける貧困のレベルは，過去10年においていかに変化したのか，良くなったのか，悪くなったのか」「その変化の原因は何か」という三つの謎が解明されたとする。そうなると，これらの謎は順に属性・概念研究，評価研究，そして因果研究の対象となるのである。さらにいえば，これら三つの研究のうち，貧困を定義するという概念研究が出発点になる。そもそも何をもって貧困と判断するのか定かでなければ，貧困のレベルを測るという評価研究は不可能だから。また，貧困レベルの変化が測定できなければ，その原因は探求できない。そもそも説明すべき結果がはっきりしなければ，その原因は特定できないからである。このように研究タイプの間の論理的関係をしっかり認識したうえで，それぞれの謎に取り組むこととなる。

最後に，「扱われる謎はなぜこれら四種類だけなのか」という疑問に答えておきたい。社会現象についての謎は，それら以外にもありうる。たとえば，「事件Xが持つ文明論からみた意義は？」とか「事象Zをジェンダー化（ジェンダーの視点から再構築すること）すればどうなるのか」といったような謎で

ある。これらは「因果関係，属性・概念，政策，評価のいずれかのタイプ」にも落とし込めないものだ。

四種類に謎を絞るのは本書が**実証主義**（付録「用語解説」にある項目も参照せよ）の立場を採用しているからというのがその理由である。誤解を恐れずに単純化していえば，西洋医学の方法と同じものが実証主義と考えてほしい。いま仮に病気Aがあって，複数の原因（仮説）が考えられるとしよう。観察・実験・検査などを通じて可能な限り証拠を客観的に集め，仮説検証を執り行い，病気Aの原因を特定していくのが西洋医学の方法である。西洋医学では「この症例はどの病気のものと診断できるのか（属性・概念），何が原因なのか（因果関係），治療するにはどうすればよいのか（政策），過去に採用された治療法はどの程度まで成功したのか（評価）」といった謎に対処する。それぞれの謎にリサーチ・トライアングルが成立し，効果的な分析手法を駆使すれば正解にたどり着けると想定されている。さらには知見を蓄積していくことにより，病気Aにかかったいかなる患者にも該当するような，いうなれば「病気Aに関する一般理論ともいうべきもの」を西洋医学は得ようとする。社会現象についても西洋医学と同じ方法を使えるというのが本書の基本的立場であり，したがって同じ四種類の謎が存在するというわけだ。

他方，西洋医学式の立場をとらないタイプの社会科学研究も存在する。典型的なのはポストモダニズムやフェミニズムといった**批判理論**と呼ばれるもので，こういったタイプの研究では，一般的に言って，本書が説く四種類のものとは別のタイプの謎にのぞむこととなる。同様のことは歴史学や地域研究といった分野にもいえよう（☞*BOX2-3*「カナダの実情」）。

以下，これら四種類の謎に焦点を絞って本書は議論を進めていくこととする。なお，「X手法による分析で結論づけられたものは，Y手法でも確認できるのか」といったような技術的な謎は例外として第7章第4節で取り扱う。

では，これら三つの留意点を踏まえつつ，四種類の謎それぞれについて解説していこう。おのおののタイプが持っている「謎」「答え」「分析」の特徴を述べていく。実は表2-1が示すとおり，四種類のなかにもさらなる細かいタイプが存在する場合もある。また，本節は概説を示すものにすぎず，すべての細かいタイプを必ずしも網羅していないことに留意されたい。

BOX2-3　カナダの実情

　本書は実証主義の立場をとるが，批判理論のような反実証主義も存在する。このことにみられるように，**社会科学といっても「そもそも社会現象をどのように捉え，分析していくのか」という根本的問題について統一的見解は学界で存在しない**。この事実をうけて，カナダの政治学（部）・社会学（部）においては実証主義・反実証主義がともに教えられている（一般的に言って実証主義が主流派の地位にある）。同時に，政治思想や社会思想といった人文学的な科目も健在だ。実証主義についていえば定性的分析手法と定量的分析手法とが教えられている（大学院レベルではこれら二つの分析手法を同時にマスターする傾向が強くなりつつある）。隣国アメリカで盛んな合理的選択アプローチ（ゲーム理論が代表的）は，カナダの政治学・社会学では比較的珍しい。

　他方，カナダにおける経済学はアメリカの場合と同様，完全に「科学化」されており，100パーセント実証主義を採用し数学化された近代経済学，ならびに合理的選択アプローチを採用している。マルクス経済学は影も形もない。また，Women's Studies（「女性学」）や Gender Studies（ジェンダー・スタディーズ）の独立した学部があって，そこで教えられているのはほとんど批判理論，つまり反実証主義である。政治学・社会学はこれら両極端に挟まれた中間地域にあるといえよう。

　筆者が担当する政治学の科目においては，主流である実証主義と傍流の反実証主義の双方を取り扱っている。研究面でいえば，日本外交史上の事例を使いながらも（歴史学とは異なり）理論・仮説でもって分析する研究を筆者は続けてきた（日本での学部生時代，筆者は外交史のゼミに所属していた）。筆者が現在所属している政治学部において同僚が使っている研究方法も一律ではない。定量的分析手法のみ使う者もいればフェミニズム研究者や政治哲学者もいるといった具合だ。くわえて，筆者は勤務校では「日本専門の地域研究者」の役割を果たしてきた。北米の大学において地域研究の伝統的牙城の一つがアジア学（Asian Studies）だが，勤務校でアジア学の学科で教鞭をとる一方，その学科長を筆者は長年務めたのである。

　こういった状況のなか，大学一・二年生に対して社会科学を説明するにあたって「初学生を混乱させない入口は何か」を筆者は探し続けてきた。その結果がリサーチ・トライアングル方式というわけである。

第 *2* 章　リサーチ・トライアングルとは何か　　**43**

表 2-1　社会科学における四つの研究タイプ

A 因果研究 （現在・過去が対象，将来予測は避ける）			
	A1　一つの事例の謎		
	A2　事例グループの謎		
	A3　一般的な現象の謎		
B 政策研究			
	B1　功利主義的な謎		
	B2　価値に関する謎		
C 属性・概念研究			
	C1　属性研究		
		C1a　属性候補が名詞で表現できる謎	
		C1b　属性分析の手法が存在している謎	
		C1c　上記以外の謎	
	C2　概念研究		
		C2a　概念分解作業が可能な謎	
		C2b　概念分解作業が困難な謎	
D 評価研究			

A　因果研究の特徴

- 因果研究の謎の特徴
    - → 因果関係とは「原因と結果」の関係のこと。特定の社会現象（これが結果）について原因を推論しようとするのが因果研究。「なぜ」で始まる疑問が因果研究では典型的な謎。いわば「なんでこうなったのか？」「なぜ，こうなるの？」「何が原因でこういう結果になったの？」というもの。
    - → 数ある候補のうちから主たる原因を特定することで謎が解ける。たとえば，「Z 現象については，X は原因だが Y はそうではない」といったように。あるいは「V は直接的（あるいは重要）な原因で，W と Q は間接的（あるいは副次的）な原因」といった具合。

→ 以上のような解決の形をとらない因果研究もある。経路依存性（path dependence）やクリティカル・ジャンクチャー（critical juncture）というものを分析するもので，上級者むけ。よって，本書では取り扱わない。

→ 初学者は将来のこと，つまり「S現象はこれからどうなるのか」「もしTが起こればS現象にはどういった結果が生じるのか」といったような謎は避け，**実際に現在起こっていることや過去に起こったことに集中**すべきである。なぜなら，将来のことについては，いかなる結論も「これこれの条件が将来成立するならば」というただし書きがつくものとならざるをえず，そうであれば，そういった条件が成立する蓋然性についても説得力のある議論を展開せねばならないからだ。これはハードルが高い。たとえば「もしTが起こればS現象にはどういった結果が生じるのか」という謎について「S現象にはYでなくXという結果が生じると考えられる」という答えを出したとしよう。しかしそれは「一定の条件のもとでは」というただし書きを伴うものであり，まずそういった条件を明示しなくてはならない。そのうえ，それらの条件が将来においてどの程度成立すると思われるのかという点について，説得力のある議論をしなければならない。要するに「YではなくXであることの根拠を示す」「そのための条件が提示できる」「将来における，条件成立の蓋然性について説得力ある議論ができる」という三つの作業を完了せずには，将来についての謎は解けないのだ。したがって，将来のことについては初学者は避けるべきとなる。

→ 次の三つのタイプの社会現象がある（第1章の第1節で触れたとおり）。

A1　一つの具体的な事例の原因に関する謎で，現象は「あの〜　」で言い換えることが可能

例「○○年，原子力発電所Wでの事故はなぜ起こったのか」
　　言い換え→「なぜ，あの原子力発電所Wの事故は起こったのか」

A2　具体的な事例グループの原因に関する謎で，これらの現象は「一連の

　　　　　　　　〜　　」と言い換えることが可能

　　　　例「なぜＴ地区で殺人事件は何回も起こったのか（原因は何だったの
　　　　　　か）」
　　　　　　言い換え→「なぜ，一連の殺人事件がＴ地区で起こったのか」
　　　　例「なぜ専守防衛という方針を日本はこれまで維持してきたのか」
　　　　　　言い換え→「なぜ専守防衛という方針を日本の一連の政権はこれま
　　　　　　　　　　　で維持してきたのか」

Ａ３　一般的な現象（時や地域に限定されず，いわば普遍的な形で生じる社会
　　現象）の原因に関する謎で，現象は「いわゆる〜というもの」で言い換える
　　ことが可能

　　　　例「なぜ戦争は繰り返し起こるのか」
　　　　　　言い換え→「なぜ，いわゆる戦争というものは繰り返し起こるの
　　　　　　　　　　　か」
　　　　例「なぜ民族紛争は起こるのか」
　　　　　　言い換え→「なぜ，いわゆる民族紛争というものは起こるのか」

・因果研究の答えの特徴
　　→　「（これこれの条件のもとでは）Ｚ現象が起こる原因はＸであり，Ｙは
　　　　原因ではない」「一見すればＺ現象はＸが引き起こしているように思わ
　　　　れるが，実はそういった因果関係は存在しない」「ＸとＹ，ともに原因
　　　　だが，Ｘが直接的原因でＹは間接的原因あるいは遠因である（重要度
　　　　ではＸが第一でＹが第二）」「ＸがＹに影響を与えていて，そのつぎ
　　　　にＹがＺに影響を与えている」「Ｚ現象と，その原因と思われていたＸ
　　　　も実はともにＱという別の原因で起こっている。つまりＱこそが真の
　　　　原因。したがってＸはＺの原因ではない」といったような形をとる。
　　　　本書付録にある「因果分析の基礎知識」を参照されたい。
　　→　すでに指摘したとおり，理論に基づく推論・答えが社会科学ではよく見

られる。この点は謎が A1，A2，A3 いずれのタイプでもあてはまる。理論に基づかない実証重視主義（つまり現場百遍を説く古参刑事の方法）は A1 において，もしくは例外的に A2 においてのみ見られる。A2 や A3 タイプの謎に答えるためには多数の事例をまとめて考える一般論，つまり理論（刑事ドラマでいえばプロファイリング）が必要となるからだ。A1 タイプの謎の場合でも理論をあてはめてそこから仮説，つまり答えの候補を導き出すことは可能である。たとえば，「なぜ第一次世界大戦は起こったのか」というような A1 タイプの謎，「ナポレオン戦争，第一次世界大戦，第二次世界大戦という一連の『近代における世界大戦』はなぜ生じたのか」という A2 タイプの謎，さらには「いわゆる覇権戦争（大国を中心とする二つの陣営が雌雄を決しようとする大戦）はなぜ生じるのか」という A3 タイプの謎をみてみよう。理論に基づく答えはこれらすべての謎において求めることができるが，実証重視主義による答えは A1 ないしは A2 タイプの謎でしか求めることができない。A3 タイプの謎は理論に基づいた抽象的な答えでしか解くことはできないというのがその理由である。

- 因果研究の分析の特徴
  - → 現代の社会科学ではこの因果研究が最もオーソドックスなものであり，そのための分析手法が最も発展してきた。たとえば，多数の事例に関する数量的データを統計分析する定量的分析手法，ならびに少数の事例に関する質的データを吟味する定性的手法が主なものである（本章の第 5 節を参照）。
  - → 一般的に言って，具体的な A1 や A2 のほうが抽象的な A3 よりも初学者にとっては取り組みやすいかもしれない。というのも A3 をめぐる分析は（専門課程以上の）本格的な分析手法や理論に関する知識を伴うからである。また，定性的分析手法でもって A1 や A2，そして定量的分析手法でもって A2 と A3 に取り組むことが多い。

B 政策研究の特徴

- 政策研究の謎の特徴
  - → 「〜すべきか」の表現で終わる疑問が政策研究の典型的な謎。いわば「どうしたらいいの？」「どういった手段をとればいいの？」というもの。応用型として「どういった条件のもとであれば実行すべきなのか（実行可能なのか）」というものもある。
  - → 政策研究には二つのタイプがある。一つは功利主義的なものであり，採用された政策の効果や効率に関する謎を取り扱うもの。単純化していえば「損得勘定」で判断するもの。もう一つは価値（道徳も含む）に関するものである。単純化していえば「善悪判断」のもの。

B1 功利主義的な謎

  - → 採用された政策の効果や効率に関する謎。単純化していえば「損得勘定」に関する謎。

    例 「日本は道州制を導入すべきか」
    　 「原子力発電について将来，何をすべきなのか」

  - → この例の謎を解くには，数ある候補のうちから採用すべき政策を特定する。ここでいう政策は達成すべき目標のための手段のこと。目標そのものは属性・概念研究（後述）の対象となる。たとえば上の二つの例に「目標」を挿入すると「（高い行政の質を達成するという目標のためには）日本は道州制を導入すべきか」「（健全な電力供給を達成するという目標のためには）原子力発電について将来，何をすべきか」となる。カッコの部分が目標の箇所であるが，おのおの「高い行政の質」「健全な電力供給」が属性・概念研究の対象となる。
  - → 前項で述べたとおり，政策研究は因果研究の応用型。そこでは政策の対象となる社会現象についての因果関係が所与（つまり当然視すべき前

提）とされたうえで話が進められている。そのうえで「〜すべきだ」や「〜すべきでない」という答えを出す。前提とされている因果関係が間違っていれば，その薦められた政策は失敗するしかない。したがって，政策研究において謎を解く際には前提となる因果関係，ならびに政策選択の手順・基準をできるだけ明確化することが望まれる。

B2　価値（道徳も含む）に関する謎。単純化していえば「善悪判断」に関する謎。

例「市政レベルの選挙において外国人参政権は認められるべきか」
　「同性結婚は認められるべきか」

→　原理的には，この種の謎は**社会科学の分析手法では解くことができない**。つまり，この種の謎は論証・実証では解くことができない。なぜなら価値に関する謎は，政治哲学あるいは社会思想の範疇に属するからである。上の二つの例でこの点を説明しよう。

　外国人参政権についていえば，賛成派は「税金を納めて市政サービスを受けている住民は，その国籍に関係なく，市政サービス提供者を決める権利（つまり参政権）を持つべき」とする。他方，反対派は「日本国籍を持てば参政権を獲得できるので帰化すればよいのであり，帰化しない外国人に参政権を与える必要はない」と説く。前者においては参政権は税金の支払いという実生活から発生しているのに対し，後者においては国籍の有無から発生している。

　異なる「参政権という権利の源泉」の間に優劣をつけるような判断基準は，論証・実証を分析手法とする社会科学には存在しえない。リサーチ・トライアングルでいえば「答えにいたる分析」ができないのである。

　もちろん，その時々の論者がなす具体的主張や表現に関してはどの程度説得的か判断できよう。たとえば具体的事例の妥当性や議論の一貫性などがそういった検証の対象となりうる。しかし，そのような表層的なものの底に潜む核心部，つまり「参政権という権利の源泉」そのものに

注目すれば（これが上述した「原理的には」という意味である）論証・実証では「競合するいずれの価値観がより説得的か」といった判断はできない。それは、宗教 X と宗教 Y のいずれがより優れているのか実証でも論証でも判断できないのと同じなのだ。

　第二の例である「同性結婚は認められるべきか」という謎についても同様である。「性別にかかわらず結婚は認められるべき」という平等重視の価値観と「男性と女性との結婚のみ認められるべき」という伝統重視の価値観とを比較して優劣をつけることは社会科学の見地からはできない。こういった価値観の問題は社会科学的な分析手法の範疇外にあるといえよう（より一般的な道徳研究が社会科学には適していない点については *BOX2-2*「道徳論」をみよ）。

• 政策研究の答えの特徴
  → 功利主義的な謎も、価値に関する謎も、いずれに対しても答えは「〜すべきだ」「〜すべきではない」「○○の条件がそろえば〜すべきだ（すべきではない）」といったような形をとる。

• 政策研究の分析の特徴
  → 一般的に言って、「価値に関する謎」よりも「功利主義的な謎」のほうが初学者にとっては、直感的になじみやすく、取り組みやすいと思われる。これまでの議論を踏まえれば、「価値に関する謎」のほうが慎重さと注意を要することが理解できよう。それぞれの分析の特徴は以下のとおり。
  【功利主義的な謎】
  → まずは「採用すべき政策」の基準を明確にして、数ある政策候補をそれに照らし合わせた後、いずれかを選ぶ（謎を解く）。たとえば、目標の現実性や、純便益（つまり便益と費用の差）などといった客観的な基準を細分化したうえで、それに照らし合わせる。基準の妥当性やバイアスがないことなど（つまり恣意性がないこと）が重要。
  → とある政策を成功裏に進めるための必要条件は何かを問う謎の場合、そ

の政策が成功するシナリオと失敗するシナリオとを比較すれば，そういう条件が浮かび上がってくる。そのうえで，実現可能なものとそうでないものとを比べ，前者を「なさねばならないこと（成功に結びつく条件）」として選ぶ。

【価値に関する謎】

→ **原理上，究極的には社会科学の分析手法以外の方法（たとえば多数決）で解決するしかない**。最高裁判所では判事が多数決で判決を出すが，これが好例であろう。もちろん，上述したように，その時々の論者による具体的な主張については，論証・実証を通じてその妥当性・説得力の程度を判断することは可能である。それに限れば，本章第5節で説明した一般的な分析手法はもとより，ビジネス書でよく紹介されるピラミッド・ストラクチャーも採用するに値しよう（☞*BOX2-4*「ピラミッド・ストラクチャー」）。ピラミッド・ストラクチャーは功利主義的な謎を解く際にも採用することができる。

C 属性・概念研究の特徴

• 属性・概念研究の謎の特徴

→ 属性研究：具体的な社会現象や事例が持つ，そして直接的には観察できない属性に関する謎を解こうとする研究。「現象Zの持つ特性（その現象にしか見られない性質）は何か」「現象Zはいつ起こったのか」といった謎が対象となる。自然科学で言えば「光は何からできているのか。電磁波？　それとも粒子？」「恐竜を絶滅に追いやった隕石の衝突はいつ起こったのか」というタイプのもの。第1章第1節で言及した記述的推論でもって，つまりデータを使って属性を推論することによって謎を解く。

→ 概念研究：社会構造や国際秩序といった「存在するが直接観察できない社会現象・状況」は抽象概念で表現される。定義づけようとしても，その正確な内容はわかりづらい。こういった概念の内容を推論していく研究である。典型的な謎は「社会構造（が意味するもの）とは何か」とい

BOX2-4　ピラミッド・ストラクチャー

　政策研究における正解は「〜すべきである」といった主張の形をとることが多い。そういった主張の根拠を精査する方法としてビジネス書でよく見かけるのは次の図のような**ピラミッド・ストラクチャー**だ（メインメッセージは必ず一つだが、キーラインメッセージは図のように三つとは限らない）。

　矢印はサポートを意味する。上の図の場合、「〜すべきである」という主張は三つの理由によってサポートされており、各理由はそれぞれ二つの**根拠**によってサポートされている。

　いま仮にXという政策について「すべきである」と「すべきでない」という二つの対抗する議論があるとしよう。つまり「政策Xをすべきか」というリサーチ・クエスチョンに関してイエスとノー、それぞれの答えがある、というわけだ。そこで、それぞれの「答え」をピラミッド・ストラクチャーに分解して、精査する。そのうえで比較検討し、いずれかの「答え」をより説得力があるものとして選び、リサーチ・クエスチョンを解くこととなる。

ったようなもの。

C1　属性研究：さらに三つのサブグループC1a, C1b, C1cに分かれる。以下、それぞれの特徴をみていこう。

　C1a　属性候補が名詞で表現できる謎（例：国籍，性別，自殺・他殺，都道府県）。

　　例「このグループの○○は何か」（○○の例：宗教，国籍）

「あの事件は自殺によるものか，あるいは他殺によるものか」

- C1a の答えの特徴
「属性候補 X が正解で属性候補 Y はそうではない」（例：正解はアメリカ国籍であって日本国籍ではない。自殺であって他殺ではない）という形をとる。

- C1a の分析の特徴
研究対象となっている社会現象に関するデータを集め，競合する属性候補のうち，どれに近いか判定する。

C1b　属性を分析する手法が存在している謎。

例「企業 Y の組織風土はどういったものか」
「指導者 P の持っていた国際政治観はどういったものか」
「X 県民の県民性はどういったものか」

組織風土，国際政治観，県民性については，それぞれ数量化・尺度化するような手法が存在する。その他の属性分析手法も多い（とりわけ定量的手法に多くみられる）。

- C1b の答えならびに分析の特徴
これらの手法を使って，属性を計測し答えを出すことになるが，指導教官のガイダンスが欠かせない。

C1c　属性に関するものの，C1a，C1b 以外の謎。属性分析をすることが現実的には困難なもの。**初学者は避けたほうがよい。**

例「国家 Y の平和愛好度はどれくらいか」
「国民の自由が極端に制限されている国家 D における国民性はどうい

ったものか」

前者においては，「平和愛好度」の内容が曖昧なだけでなく先行研究も
なさそうで分析を進めるのが困難。後者では，国民性研究の先行研究
（アンケートで集めた各種データを統計処理した研究）は存在するもの
の，国家 D に関して同様のアンケートをすることは困難。

C2　概念研究：一般的な社会現象を表現する概念そのものを分析対象とする。
　　分析方法については付録にある「概念分析の基礎知識」をぜひ参照して
　　ほしい。そこにあるように概念を「複数の二次概念 → インディケーター
　　の数々」に分解していくことが概念研究の主たる内容である。そこで概
　　念研究が取り扱う謎は二つのサブグループ C2a と C2b に分けることがで
　　きる。

　C2a　概念分解作業が可能な謎。詳しくは付録の「概念分析の基礎知識」を
　　　　参照せよ。

　C2b　概念分解作業が困難な謎。

　　　例「平和とは何か」

　　　この種の概念研究は研究のプロむけで，初学者は避けたほうがよい。と
　　　いうのも，簡単には複数の二次概念が割り出せないから。この問題を解
　　　くにはプロレベルの知識が必要となる（第 3 章第 3 節で取り扱う）。し
　　　たがって概念研究においては，初学者は C2a を選ぶべきであろう。

D　評価研究の特徴

・評価研究の謎の特徴
　　→　政策・現象・状況などをどのように評価できるかという謎。「成功か

失敗か」「良いのか悪いのか」という二分法で表現できる場合もあれば、「60パーセント成功」というような程度を判断する場合もある。二分法の設問は「どの程度まで〜なのか」と程度問題に転換することができるし、あるいは逆方向に転換（つまり程度を問う設問を二分法の設問に転換）すれば直感的にわかりやすくなることもある（例：「成功したのは60パーセントか」を「つまるところそれは良い結果、悪い結果のいずれなのか」に転換）。いわば「それ、良いの？　悪いの？」「どこまで成功したの？」「どう評価すればいいの？」といったようなもの（政策研究の場合と同様、ここでも功利主義の立場から効果や効率を評価の対象としており、価値論・道徳論の立場からの「良い・悪い」の評価ではない）。

→　この謎は「基準」と「社会現象」の双方が特定されないと解けない。となると、まずは基準を明確に特定したうえで、その基準に関係がある具体的なデータをその社会現象について入手する必要がある。そしてこういったデータを基準に照らし合わせることによって、社会現象がどの程度まで基準を満たしているのか判断する。言い換えれば、基準でもって社会現象を計測する。こうして謎が解ける。

- 評価研究の答えの特徴
  - →　二分法の場合、「XでなくてY」といった形をとる。程度の場合は、パーセントといった数値や順位（例：第五段階においての最上位）といった形をとる。

- 評価研究の分析の特徴
  - →　本節の最初のところで述べたように、基準を決める際になんらかの概念研究を実施することとなる。たとえば「どの程度成功したのか」という謎は「そこでの成功は何を意味するのか」という謎をまずは解かないといけない。この場合、成功の内容を定義するだけですむだろう。概念研究は真正面からこういった謎に取り組むが、応用型である評価研究では往々にして基準そのものには深入りしない傾向がある（たと

第2章 リサーチ・トライアングルとは何か　　**55**

えば成功の基準）。とはいえ，「基準が曖昧」「基準の選び方にバイア
スがある（自分に都合のよいように基準を定めた）」といったような
批判が生じないように，判断基準を明示することが肝要。たとえば
「どの程度成功したのか」という問いに対しては当然「それは成功の
定義による」という返事が考えられるのであり，明確に，それもでき
るだけ公平に成功の内容を定義してからこの問いに答える必要がある。
そうでないと「成功したというけれども，それはアナタが自分に都合
のよい成功の定義を使ったからでしょ！」といった批判を浴びること
となりかねない。

以下，評価研究の例を挙げる。

　例「これまでの原子力政策はどの程度まで成功したといえるのか」
　→　成功の基準（これは概念研究の対象）を定めた後，原子力政策に関す
　　るデータを集めてそれに照らし合わせることで答えを出す。

　例「A国とB国の医療制度，いずれがより優れているのか」
　→　優秀さについての統一的基準（これは属性研究の対象）を定め，その
　　うえで両国の医療制度に関する各種のデータを集め，その基準に照ら
　　し合わせて両国を比較しランクづけするという手順で答えを出す。こ
　　ういった方法がいわゆる（国家間，地域間，団体間，人物間の）ラン
　　キングのやり方。「A校，B校，C校を『教育の質』の視点からラン
　　キングすればどうなるのか」といったようなもの。

評価研究の応用型として次のような形のものもある。これらは時系列，つま
り時間の流れにかかわっている。

　　「国家Aはいつから自由民主主義国になったのか」
　→　自由民主主義についてまずは概念研究を行い（付録にある「概念分析
　　の基礎知識」を参照せよ），それに直接関係がある時系列データ（つ

まり時代ごとのデータ）を国家 A について集めて，自由民主主義の
条件が国家 A 史上いつの時点で満たされたのか判断することとなる。

「過去 10 年間，世界において自由民主主義国家は増えたのか，減った
のか」
→ 同様に自由民主主義国家の基準を定めて，過去 10 年間にわたる世界
各国に関する各種データをそれに照らし合わせて答えを出す。「日本
人の幸福度は過去三年間，どう変化したのか」も似たタイプの問い。

7 ま と め

リサーチ・トライアングルは本書にとって核心部である。それゆえ本章では，
かなりのページ数を割いて解説してきた。「謎解き」を試みる社会科学にとっ
ては，リサーチ・トライアングルはそのための基本的設計図であり，チェック
リストでもある。

社会科学と聞けば，何かとっつきにくい議論を連想するかもしれないが，リ
サーチ・トライアングルの構造は複雑ではない。まず，解かないといけない謎
（リサーチ・クエスチョン）があり，その正解がある。同時に対抗する答えが
あり，それがなぜ正解よりも劣るのかを証明する分析がある。謎と正解との関
係，それに謎と不正解との関係はともに論理的に矛盾がない。そして，社会現
象に関する謎が四種類（道徳に関するものを除く）あるのに対応して，四つの
タイプのリサーチ・トライアングルが存在するのである。

本章で長々と説明した事柄はマニュアルにすぎない。アナタが実際に謎に遭
遇した際，本章を参照して「謎解き」をやってみてほしい。身近な謎で構わな
い。まずは，目の前にある謎がいずれのタイプのものか確定する。そしてリサ
ーチ・トライアングルを自分自身で組み立てていくのである。それを繰り返し
ていけば，社会科学における「思考の型」が身についてくるはずである。

次章では，実際の研究をもとに，リサーチ・トライアングルがどのように使
われたかをみてみよう。

第3章

「謎解き」の例

この章の構成

1 因果研究の例

2 政策研究の例

3 属性・概念研究の例

4 評価研究の例

5 ま と め

--- この章の目的 ---

これまで説明してきた四つの謎をめぐる研究の具体例をこの章で示す。なかには謎が解かれたものもあれば，解決にはいたらなかったものもある。後者においては，競合する答えの間に決着がつかず，論争未解決のままだ。本章では，できるだけ学術的な例を挙げてみた。学術的な研究は緻密な議論に基づいているので，サンプルとして適切と思われるからである。手前みそで恐縮だが拙著『社会科学としての日本外交研究――理論と歴史の統合をめざして』（2015 年）や，筆者の専門である国際政治学（定性的分析）の例を中心に解説していく。例外として歴史研究の例や定量分析手法の例も含めた。紙幅が限られているため，各例とも簡単な紹介にとどまるが，より深く理解したいという読者は参考文献を示しておくのでそれにあたっていただきたい。また各タイプの研究につき一つの具体例にとどめた。研究タイプの名称の前にあるアルファベット番号は第 2 章第 6 節で使用したものである。

1 因果研究の例

A1 一つの具体的事例の原因を解く謎解き

「あの〜」で始まる事例，つまり特定できる一つの事例に関する謎を解くには「理論に基づかない推論」を用いるものと「理論に基づく推論」を用いるもの，これら二種類が存在する。前者は歴史学に，後者は社会科学（たとえば政治学や社会学）においてみられる。また，これまでよく使ってきた刑事ドラマの例でいえば，前者は現場百遍の実証重視主義，後者はプロファイリングに頼る論証重視主義にそれぞれ対応する（☞BOX3-1「歴史学者には脱帽しかない」）。以下，それぞれの例をみていこう。

【理論に基づかない推論の例】　第二次世界大戦末期，「終戦の詔勅」（1945 年 8 月 15 日）にいたる日本政府内における政策過程に関して，歴史家の間で論争が繰り広げられてきた。「昭和天皇のもと，日本政府は連合国のポツダム宣言を受諾し降伏すると決断したが，その引き金となったのは広島・長崎への原爆投下（8 月 6 日・9 日）なのか，あるいはソ連の対日参戦（8 月 9 日）なのか」というのがここでの謎である。原爆投下説を主張する者（麻田貞雄が代表論者），ソ連参戦説を支持する者（長谷川毅が代表論者），両者ともにさまざまな一次資料ならびに二次資料を用いている。この麻田・長谷川論争は，最近の日本外交史における第一級の論争といえよう。

これら二説について大変詳しい，そして体系的な評価は赤木・滝田論文（参考文献をみよ）によってなされており，関心のある読者に是非一読を勧めたい。つまるところ，史料の制約のため，いずれの説がより説得力か判断できないと赤木・滝田論文は結論づけている（19-21 頁）。さらには麻田・長谷川論争以降の研究（それらは第三，第四の原因を提出している）もこの論文は解説している。

第 3 章 「謎解き」の例　　59

> **BOX3-1　歴史学者には脱帽しかない**
>
> 　史料を追い求め，それを読解し解釈していく歴史学は知力のみならず体力を要する。さらには忍耐力も。まさに情熱がないと不可能。筆者の知る範囲でもエピソードには事欠かない。たとえば，山のように積み上げられた段ボール箱を一つひとつ開封していき，そのなかにある書類を集め分類していく作業に打ち込んだ歴史家。短パンと T シャツ姿で汗をかきながらの作業である。マイクロフィルム化された史料を読み続け，ついには眼に異常をきたした歴史家もいる。ある元政府関係者が記した日記を遺族が保管しているという情報を入手し，遺族宅に何度も通いお願いしつづけ，ついにはその日記を閲覧・使用する許可を得た歴史家も忘れられない。なかなか手に入らない海外の史料（もちろん外国語のもの）を求め，複数の国の史料館を訪れるというマルチアーカイブ作戦を試み，蒐集した史料を読み込み，新たな解釈を提出するのに 10 年以上かけた歴史家も。日本語であっても，筆で書かれた明治期やそれ以前の史料を読めるようになるには 3 年の訓練が必要という。こういった地道な活動を続け研究結果をまとめるには長い時間がかかる。歴史学者には脱帽しかない。

参考文献

赤木完爾・滝田遼介「終戦史研究の現在――《原爆投下》・《ソ連参戦》論争とその後」『法學研究』第 89 巻 9 号（2016 年 9 月），1-43 頁

　【理論に基づく推論の例】　1939 年 9 月 1 日，ナチス・ドイツによる対ポーランド侵攻が開始された。その 16 日後，独ソ不可侵条約（同年 8 月 23 日調印）にあった秘密議定書に基づき，ソ連もポーランド侵攻に踏み切った。ここに第二次世界大戦の口火が切られたのである。ドイツは破竹の勢いでフランスやオランダを含む西欧を占領し，イギリス一国がドイツに対抗していた（アメリカは中立を形のうえでは保っていた）。他方，アジアにおいては 1937 年以降，日本軍が中国大陸に侵攻しており，それに反対するアメリカと太平洋を挟んで対峙していた。

　そういったなか，大戦開始から約一年後，日独伊三国同盟が締結された（1940 年 9 月 27 日）。なぜ日本は独伊両国との同盟締結に踏み切ったのであろ

うか。国際政治理論を使えばどのように日本の意図を説明できるのであろうか。これが謎である。国際政治理論のなかでも同盟締結の理論がここでは解答候補となる。具体的には，伝統的な勢力均衡説の改訂版である「脅威の均衡」説が候補の一つ。対抗するのはバンドワゴン同盟締結説である。

「脅威の均衡」説によれば，同盟は第三国からの脅威に対して結ばれる。ここでいう脅威とは，軍備の規模からのみ発生するのではなくて攻撃的意図からも発生しうる。この説に従えば，アメリカからの脅威に対抗する意図に基づいて三国同盟を日本は結んだということになる。他方，現状打破勢力のなかの最強国Ａが他国を征服する際，第二級の現状打破国Ｂがその最強国Ａから「おこぼれ」の利益を得るためにＡ国と同盟を結ぶという議論が，バンドワゴン同盟締結説である。つまり，破竹の勢いでヨーロッパに侵攻していたナチス・ドイツからの「おこぼれ」をねらって日本は三国同盟を結んだという解釈を，この説は主張する。たとえば，フランスはドイツに負け占領下に置かれたが，そのフランスが所有していたインドシナ半島植民地が日本にとって「おこぼれ」にあたる。

一次資料をもとに，筆者は「脅威の均衡」説のほうに分があると結論づけた。その際，定性的分析手法の一つとして確立されている過程追跡法を採用した（過程追跡法については付録の「因果分析の基礎知識」を参照せよ）。

参考文献

川﨑剛『社会科学としての日本外交研究——理論と歴史の統合をめざして』ミネルヴァ書房，2015年，52-55頁

Tsuyoshi Kawasaki, "The Rising Sun Was No Jackal: Japanese Grand Strategy, the Tripartite Pact, and Alliance Formation Theory," in Jeffrey W. Taliaferro, Norrin M. Ripsman, and Steven E. Lobell, eds., *The Challenge of Grand Strategy: The Great Powers and the Broken Balance between the World Wars* (New York: Cambridge University Press, 2012), pp. 224-245.

A2 具体的な事例グループの原因を解く謎解き

　複数の事例をひとくくりにして，それらに共通する原因を探求する作業にはなんらかの抽象概念を導入せざるをえない。これはもっぱら社会科学にみられるタイプの研究である。たとえば，第2章第6節で触れた，第一次世界大戦と第二次世界大戦をともに覇権戦争としてみる議論をみてみよう。後述するとおり，覇権戦争という名の戦争は実際には存在せず，抽象概念である。「覇権戦争が起こる一因は，新興国が台頭し，覇権国との国力差が急激に縮小することにある」という一般的な因果論を覇権戦争論は主張するが，それは第一次・第二次両大戦を含む大国間戦争についての史実的考察に基づいている。

　また，すでに確立された理論があれば，それを仮説検証に使うことが可能である。つまり，一組の事例について因果関係を推論する際，そういった理論から仮説を導き出し，証拠に照らし合わせて検証するのだ。以下で詳しく見てみよう。

　【理論に基づく推論の例①（定性的分析）】　明治時代以来，日本は多くの軍事同盟を結んだが，その意図（原因）を同盟締結の理論でいかに説明できるのかという謎に筆者は取り組んだ。一つの同盟締結理論で一貫して説明できるのか，それとも複数の理論が必要なのか。そもそも日本はいくつの軍事同盟を結んだのか，といった疑問にこの謎は連なったのである。実は，これはいかなる研究者もそれまで挑戦したことがない（と思われた）問題であった。

　まず，調査の結果，傀儡政権（日本の占領地域において日本政府の支持により成立した政権）との間に結んだ五つの同盟のほか，標準的な主権国家（たとえばイギリス）と結んだ同盟が13あることが判明した。つぎにこれら13事例について，同盟締結理論，とりわけ「脅威の均衡」説（前項参照）による説明を試みた。一次資料を使い「脅威の均衡」説が支持できるか否かを定性的分析手法の一つである過程追跡法により検証したのである。その結果，12事例において「脅威の均衡」説が支持されることが判明した。つまり，ほとんどすべての同盟は脅威対抗型の要素を含んでいたという結果となったのだ。さらに筆

者はこれら12事例を反実仮想法という別の定性的分析手法により吟味した（反実仮想法についても付録にある「因果分析の基礎知識」を参照せよ）。その結果，七事例においては脅威対抗のみを主要目的として日本は同盟を締結し，その他四事例は多重目的同盟の可能性が高いと判断した（残る一事例においては反実仮想法は適用できないと結論づけた）。

参考文献

川﨑剛『社会科学としての日本外交研究——理論と歴史の統合をめざして』ミネルヴァ書房，2015年，第5章。

【理論に基づく推論の例②（定量的分析）】　なぜ韓国大統領は時々対日強硬路線を採用するのか。その原因は何か。この問いに「内政状況が自分にとって悪くなれば政治指導者は国民の目をそらし人気を挽回するために対外強硬路線に打って出る」という陽動理論（diversionary theory）の立場から答えようとしたのが，籠谷公司と木村幹である。彼らは「貿易収支が悪化した場合，韓国大統領は貿易問題だけでなく歴史認識問題についても対日批判や敵対行動を増加させる」（参考文献の105頁，以下同）という仮説を立てて統計手法（ポワソン回帰分析）で検証した。検証の期間は1990年初頭から2004年末まで。従属変数（結果）は韓国政府の対日敵対行動の回数（四半期ごと）であり，メディア記事をコンピューターを使ってコード化・集計したデーターバンクを使用。観察（つまり事例）数は60（四半期が15年分）。他方，独立変数（原因）は韓国の対日貿易収支（100万米ドル単位で四半期ごとに計算した対日輸出額と対日輸入額との差）である。その他，韓国一人あたりのGDP成長率，韓国大統領選挙，近隣諸国による対韓敵対行動回数，日本の首相交代の影響も検証した。さらには1994年秋に日本の政権内部で歴史認識に対する不協和音が生じた結果，韓国側が不審を抱くという特殊事態の効果も分析に加えた。

　回帰分析の結果，陽動理論に基づく仮説は支持された。表3-1がその結果を示している。

　異なる四つのモデルが検証されたが，最も単純なのがモデル1（独立変数が対日貿易収支のみ）で最も総合的なものがモデル4（すべての独立変数が含ま

第3章 「謎解き」の例　　63

表3-1　韓国大統領の対日敵対行動についてのポワソン回帰モデル

	モデル1	モデル2	モデル3	モデル4
対日貿易収支	−0.00008**	−0.00013***	−0.00016***	−0.00014***
	(0.00004)	(0.00005)	(0.00005)	(0.00005)
一人あたりのGDP成長率		−0.36**	−0.36**	−0.41**
		(0.16)	(0.16)	(0.16)
大統領選挙			0.14	0.22
			(0.54)	(0.54)
近隣諸国による対韓敵対行動回数			−0.07*	−0.07
			(0.04)	(0.04)
日本の首相交代			−0.23	−0.06
			(0.44)	(0.45)
1994年第4四半期				2.04***
				(0.43)
定数項	0.07	0.54**	1.00***	0.88**
	(0.13)	(0.23)	(0.36)	(0.37)
疑似決定係数	0.03	0.06	0.08	0.17
カイ2乗	4.66	9.85	12.98	28.06

*p<0.1; **p<0.05; ***p<0.01

出典：籠谷公司・木村幹「韓国政治指導者の合理的選択としての対日敵対行動——経済的相互依存と政治的責任回避の視点から」『国際政治』第181号（2015年9月），108頁。一部省略・修正した。カッコ内の数値は標準誤差。

れている）である。＊印がついている独立変数ならびに定数項は，統計的に有意義（あえて単純化していえば「効果がある」）と確認できたものだ。

　対日貿易収支に注目すると四つすべてのモデルにおいてその効果が，それも想定された形で確認されたことがわかる。よって仮説が支持されたと籠谷と木村は判断した。たとえば，すべての独立変数が含まれるモデル4を見てみよう。そこでは，「貿易収支が100万ドル増えるごとに対日敵対行動の期待値が0.14パーセント減少することになる」（107頁）。これを逆に言い換えると「対日貿易収支が減れば，その分，対日敵対行動が増えた」となるので，まさに仮説が

支持されているというわけだ。

　興味深いのは，もう一つの経済関係の独立変数である「一人あたりのGDP成長率」も似たような効果を持っていると判明したことである。つまり韓国経済の成長率が悪化すれば対日敵対行動も増えた。対照的に，大統領選挙，日本の首相交代，近隣諸国による対韓敵対行動回数といった政治関係の独立変数の効果は確認できなかった（モデル4において＊印がついていない）。1994年第4四半期の特殊事情の効果は確認できた。

　要するに，検証期間内において，韓国経済の悪化が対日敵対行動の増加につながるということが統計的に判明したのである。この結果を受けて籠谷・木村論文は事例研究を続け実際の政治過程を追った。そして次のような結論にいたったのである。「分析対象となった時期の日韓関係においては，対日貿易赤字問題を中心とする日韓間の経済問題が外交関係の基調を決める『基層低音』としての地位を占める一方で，従軍慰安婦問題や各種『談話』のような歴史認識問題を巡る争点が対立を一挙に悪化させる引き金の役割を果たしている」（111頁）。

参考文献

籠谷公司・木村幹「韓国政治指導者の合理的選択としての対日敵対行動──経済的
　　相互依存と政治的責任回避の視点から」『国際政治』第181号（2015年9月），
　　103-114頁。

A3　一般的な現象の原因を解く謎解き

　このタイプの謎は抽象的な答えを求めるので，A2の場合と同様に「理論に基づく推論」を伴う。それも抽象度がより高くなる。

【理論に基づく推論の例】　「なぜ戦争は起こるのか」という謎は人類史上，古来からのものである。「なぜ戦争は絶えないのか」と言い換えてもよい。戦争は時代や地域にかかわらず起こってきた。現在も起こっている。人類にとって普遍的な社会現象のうちの一つにほかならない。当然，この謎に対する答え

も多々存在している。しかし，決定的な答えは存在していない。つまり，○○
だから戦争は起こる，それに対処すれば平和がほぼつねに成立する，というよ
うな単純な議論は存在していないのである。死の様態そして死の原因は多数あ
り，事例によって異なる。同様に，戦争の様態そして戦争の原因も多数あり，
事例によって異なるのだ。別の方向からいえば，「戦争をなくすにはどうした
らよいのか（どの原因に取り組めばよいのか）」という問いには多数の答えが
あり，この点についても論争は終わりようがない。

　こういった状況のなか，ケネス・ウォルツの『人間・国家・戦争——国際政
治の３つのイメージ』（2013 年，原書は 1959 年出版）は現代の古典ともいえ
る地位を占めている。原書が出版されて以来，北米の国際政治学のクラスで広
く読みつがれてきた。本書はヨーロッパ思想史における戦争原因論を幅広く網
羅し，それらを三つの種類（ウォツルは「三つのイメージ」という表現を用い
ている）に分類・吟味している。

　第一イメージの主張は，人間個々人に争いのタネが潜んでいるというものだ。
いわば，「人間の本性＝悪」といった議論といえよう。他方，「人間個人では
なく，国家の持つ内部構造こそが戦争の原因である」というのが第二イメージ
の議論である。たとえば「○○主義体制の国は好戦的で，そうでない国は平和
的」というようなもの。第三イメージは，戦争の原因を人間の特性や国内構造
以外のものに求める。つまり，分権的状況にある国際構造そのものに注目する。
国内構造がいかなるものであれ，国家指導者あるいは国民がいかなるものであ
れ，つまるところ，主権国家の上に立つ政治的権力が存在しない分権的状況こ
そが問題なのだ，という議論である。そういった分権的状況（専門用語で国際
的アナーキーという）においては，主権国家は自分を自分で守るしかない。戦
争が勃発する潜在的危険は国際的アナーキーのもとではつねに存在するのであ
る。

　1959 年に原書が発表されて以来，第一，第二，第三イメージそれぞれにお
いて戦争の原因に関する理論的貢献が数多くなされてきた。第一イメージでは
プロスペクト理論，第二イメージでは民主的平和論，そして第三イメージでは
パワー・トランジション（覇権移行）理論といったような具合である。戦争勃
発に関する理論的論争は将来においても決着をみないであろうが，理論的努力

はこれからも続くと思われる。

参考文献

ケネス・ウォルツ（渡邉昭夫・岡垣知子訳）『人間・国家・戦争——国際政治の3つ
　のイメージ』勁草書房，2013年。

2　政策研究の例

　政策研究には功利主義的なもの（B1）と価値に関するもの（B2）の二種類
があると第2章第6節で指摘した。さらには，前者のほうが初学者には扱いや
すいとも論じた。そこで，ここでは功利主義的な政策研究に的を絞って具体例
を紹介しよう。小村寿太郎外務大臣による日英同盟，日露協商おのおのの比較
検討の例である（1901年）。学問的な例ではないが，実際の政策決定者が用い
たリサーチ・トライアングルの例なのであえて紹介しよう。

　日清戦争（1894〜1895年）後，日本は満州地域（現在の中国における東北
地方）から朝鮮半島に向かって勢力拡大をねらっていたロシアと対峙した。桂
太郎首相率いる日本政府はイギリスと同盟を結んでロシアと軍事的に対抗する
のか，あるいはロシアとの協調政策の可能性を探っていくのか，という岐路に
立ったのである。前者を支持する小村寿太郎外務大臣は日英同盟の利点，日露
協商の利点をそれぞれ列挙して，日英同盟のほうが日本にとって得る利益が大
きいとその意見書において主張したのであった。この小村意見書は1901年12
月7日に開催された元老会議に提出され，全会一致で支持されたのである。明
治政府は日英同盟締結に向けて大きく進み始めた。

　少々長くなるが『小村外交史』（上巻，278-280頁）に掲載されている箇所
を以下，引用する（現代語に筆者が置き換え，適時意訳した）。

　仮に純然たる外交談判を通じてロシアと協約を結び，日露間の関係を親密に
したとしても，その損失結果は次のようになろう。

第3章 「謎解き」の例   67

1 東洋の平和を維持できるが，それは一時的なものとなる。
　　日露協約により一時は東洋の平和を維持できよう。しかし，ロシアの侵略主
　義はこれに到底満足せず，中国全土をその勢力下に置こうとするであろう。
　ロシアとの協約は平和を長く保証するものではない。

2 経済上の利益が少ない。
　　満州鉄道およびシベリア鉄道はなるほど今日，誰もが利用できて便益を得て
　いる。しかし，これらの地域は将来人口が増大するなど経済的に発展するま
　では，貿易をするとしてもさほど有望視できない（略）。

3 清国人の感情を害し，その結果，日本の利益を損なう可能性が高い。
　　（略）清国の対日感情はいま，良好な状況にあるが，これを維持することは
　きわめて重要である。もしロシアと協約を結べば状況は一転するであろう。

4 イギリスに対して海軍力のバランスを保つ必要が生じる。
　　以上のようにロシアとの協商は経済上の利益が少なく，そのうえに，イギリ
　スの感情を害することとなる。結果，イギリスに対してわが国の海軍力をバ
　ランスさせねばならない状況が生じてしまう。

　これに対してイギリスと同盟を結べば次のような利益がある。

1 東洋の平和を比較的恒久的に維持できる。
　　イギリスは東洋において領土的野心はなく，現状を維持し，もっぱら通商上
　の利益を求めている。したがって，イギリスと同盟を結べばロシアの野心を
　制約することとなり，比較的長く東洋の平和を維持できよう。

2 列国の非難を受けることなく，日本が主張してきた立場とも矛盾が生じな
　い。
　　日英協約の性質は平和的，防守的なものであり，その直接の目的は清韓両国
　の保全，ならびに通商における清国の門戸開放である。それゆえ，ヨーロッ

パ列強から非難を受ける恐れはない。また，わが国がこれまで主張してきた
ところとも合致する。

3　清国における日本の勢力を増進できる。
　日英協約が成立すれば，清国はいっそう深い信頼を日本に寄せるであろう。
よって，清国におけるわが国の利益が拡張でき，そのほかの計画の実施も容
易になる。

4　韓国問題の解決にプラスになる。
　韓国問題について，わが国が望むような解決方法にロシアをしぶしぶにでも
同意させるには第三国と同盟を結ぶしかない。イギリスこそがその第三国と
して最適である（略）。

5　財政上の利益がある。
　日英協約の結果として，経済界一般における対日信用の向上が期待でき，そ
れは日本の国力増強につながる。同盟国日本が強くなれば，イギリスの利益
にもなる。そうなればイギリス国民は喜んで財政上・経済上の対日優遇措置
をとるであろう。

6　通商上の利益が少なくない。
　イギリスの植民地は世界中にある。日英関係が親密になればイギリスの植民
地において，そして通商の場において日本は利益を受けるであろうが，それ
は満州やシベリアの場合とは比較にならないぐらい大きいものであろう。

7　ロシアに対して海軍力のバランスを保つことが可能になる。
　ロシアに対して海軍力のバランスを保つことは，世界一の海軍国であるイギ
リスに対して試みる場合よりはるかに簡単である。

参考文献
外交史料館サイトの日本外交文書デジタルコレクション，『小村外交史』上巻

（https://www.mofa.go.jp/mofaj/annai/honsho/shiryo/archives/komura-1. html），
第八章　第一次外務大臣時代，第三節　日英協約の締結（https://www.mofa.
go.jp/mofaj/ananai/honsho/shiryo/archives/pdfs/komura-1_08-03. pdf），277-
281 頁。2024 年 7 月 4 日アクセス。以下本書に出てくるすべての URL のアクセ
ス日は同じ。

3　属性・概念研究の例

属性・概念研究には複数のサブカテゴリーがある。それぞれみていこう。

C1　属性研究

C1a　属性候補が名詞で表現できる謎

このタイプの謎は「あの事件は自殺によるものか，あるいは他殺によるもの
か」と同種のもの。つまり，属性候補を「自殺」「他殺」という名詞で表現で
きる。刑事ドラマでいえば，現場百遍型の実証重視主義，つまり理論に基づか
ない推論を通じて取り組まれる謎である。

【理論に基づかない推論の例】　第 2 章第 3 節で既述した邪馬台国論争，つま
り「邪馬台国はどこにあったのか」という謎に関する論争が好例であろう。畿
内説と九州説との間の論争は現在進行中で，研究者は新たな史料を追い求めつ
づけている。

参考文献
佐伯有清『邪馬台国論争』岩波新書，2006 年。

C1b　属性分析の手法が存在している謎

「指導者 P の持っていた国際政治観はどういったものか」という謎を解くに
はオペレーショナル・コード法（operational code analysis）という手法が国際

政治学では確立されている。それの応用版として以下の例を挙げておこう。

【理論に基づく推論の例】「日本政府はアセアン地域フォーラム（ASEAN Regional Forum, 略して ARF）の創設（1994 年）に大きく貢献したが，当時の日本政府が想定していた ARF 観とは何だったのか，どういった社会科学の概念でそれを把握することができるのか」という謎に筆者は取り組んだ。

冷戦終結直後，「アジア太平洋地域において，これから存在すべき安全保障制度」に関する議論が各国において噴出した。冷戦期においては，アメリカを中心とするハブ・アンド・スポーク型（自転車の車輪のようにアメリカを中心にした二国間同盟があって，日韓関係のようにアメリカの同盟国同士の間には同盟がない状況）の同盟システムが最も有力な安全保障制度であったが，冷戦が終わった後では，その有用性が問われるようになり，それにとって代わりうる多国間安全保障制度に関心が移り始めていたのである。そういったなか，ARF が誕生した。

冷戦期においては，日本政府はいっさいの多国間安全保障制度を日米同盟を損なうものとして否定していた。しかし冷戦終結後，日本政府は ARF 設立に尽力したのである。その ARF 観とはどういうものであったのか。

他方，当時のアメリカの国際政治学会ではマルチラテラリズム（多国間主義）という概念に注目が集まっていた。その構成要素は三つあった。そこで筆者はこの社会科学概念を使うことにより，日本政府とりわけ外務省が持っていた ARF 観について「理論に基づく推論」を試みたのである。すなわちこれら三つの構成要素が外務省の ARF 観にどの程度まであてはまるのか検証してみた。

その結果，マルチラテラリズム概念が，部分的・限定的に外務省の ARF 観にあてはまることが判明したのである。同時に当時の日本に存在していた二つの別の ARF 観も検証した。つまり，左派の平和主義者と右派の勢力均衡論者それぞれの ARF 観である。平和主義者の ARF 観はマルチラテラリズムの三要素を全面的に受け入れる一方で，勢力均衡論者の ARF 観は同じ三要素を全面的に拒絶していることがわかったのである。外務省はこれら二者の中間に位置することも明らかになった。このようにマルチラテラリズム概念をいわば尺

度として採用することにより，外務省の ARF 観が一般的な形で（つまり理論に基づいて）説明できただけでなく，当時の日本で存在していた三つの ARF 観の相互関係が明確になったのである。

参考文献

川﨑剛『社会科学としての日本外交研究——理論と歴史の統合をめざして』ミネルヴァ書房，2015 年，第 3 章。

C2　概念研究

C2a　概念分解作業が可能な謎

　ここではロバート・ギルピンによる（そしてこれまでも触れてきた）覇権戦争の概念を取り上げてみよう。「覇権戦争とは何なのか」がここでの謎となる。彼の著作『覇権国の交代——戦争と変動の政治学』（189〜191 頁）によれば，戦争にはいろいろなタイプのものがあるが，そのなかにはいうなれば世界大戦級のものがある。それを彼は覇権戦争と呼ぶ。覇権とは一つのシステムにおいて他のプレーヤーと比べて圧倒的な力を一つのプレーヤーが持っており，その力を背景に政治システムを統治する状況を指す。日本の歴史でいえば，関ヶ原の戦い（1600 年）を経て大阪の陣（1614〜1615 年）で勝利した徳川幕府が獲得した地位がまさに覇権であった。そういった覇権を握った国を覇権国，そして関ヶ原の戦いのような「天下分け目の戦」が覇権戦争にほかならない。

　ギルピンはこういった日本の歴史には全く触れていないが，以下のヨーロッパ近代の戦争を覇権戦争とみなしている。カトリック教勢力とプロテスタント教勢力との間に戦われた三十年戦争（1618〜48 年），フランス王ルイ 14 世が行った複数の対外侵略戦争（1667 年の南ネーデルラント継承戦争から 1713 年に終了したスペイン継承戦争），フランス革命から始まりナポレオンによって続けられた戦争（1792〜1814 年），それに第一次・第二次世界大戦である。

　ギルピンによれば，これらの戦争には次の三つの共通点があるという（189頁）。本書の言葉を使えば，これら三つが覇権戦争（基本概念）の二次概念であり，それぞれにインディケーターがあるというわけだ（各二次概念のラベリ

ングはギルピンではなく筆者の造語で，二次概念やインディケーターについては付録の「概念分析の基礎知識」を参照せよ）。

1) 二大陣営戦

　インディケーター：国際システムの覇権国とその同盟国，そして台頭しつつある挑戦国とその同盟国，これら二つの陣営間の全面的・直接的対決。

2) システム統治をめぐる戦争目的

　インディケーター：この陣営間大戦における根本的な対立点は国際システムそのもので，いうなれば「いずれの陣営が天下をとるのか（つまり，誰が国際システムを統治するのか）」というもの。

3) 総力戦

　インディケーター：すべての戦闘手段が無制限に動員され，国際システムにおけるすべての国々，すべての地域が巻き込まれる。

参考文献

ロバート・ギルピン（納家政嗣監訳）『覇権国の交代――戦争と変動の国際政治学』勁草書房，2022 年（原書は 1981 年出版），第 5 章。

C2b　概念分解作業が困難な謎

「平和とは何か」といった「大きな問い」の謎は初学者は避けるべきと第 2 章第 6 節では論じた。ここでは，この難問に対する一専門家の答えを見てみよう。ノルウェーの社会学者であるヨハン・ガルトゥングはこの問いに対して，

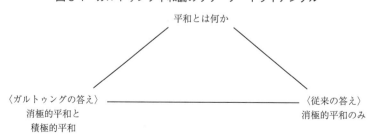

図 3-1　ガルトゥング平和論のリサーチ・トライアングル

平和を「消極的平和（戦争がない状況）」と「積極的平和（差別や貧困，抑圧といったような構造的暴力がない状況）」とに分け，後者が究極の目標であるべきだと説いた。構造的暴力の存在が戦争という暴力を生み出す土壌となりうるからというのがガルトゥングの議論であって，このような形で，従来の平和概念，つまり彼がいうところの消極的平和概念の限界を指摘したのである。これにより，ガルトゥングは平和学の地平線を延長したといえよう。彼の見解を簡略型のリサーチ・トライアングルで表現すれば，図3-1のようになる。

参考文献

ヨハン・ガルトゥング（藤田明史編訳）『ガルトゥング平和学の基礎』法律文化社，
  2019年，第2章。

4 評価研究の例

　このタイプの研究については，日本資本主義論争を紹介したい。これは日本のマルクス主義者の間で1930年代に起こったものである。労農派と講座派の二陣営が参加した。論争の焦点は，「明治維新の日本はいかなる歴史段階にあるのか」という謎，つまり時代区分に関する謎であった。

　カール・マルクス（1818〜1883年）によれば，社会は段階的に発展していくとされた。この歴史発展段階論においては，原始社会から始まり，奴隷制が続き，そのあとには中世の封建主義・絶対主義がくる。そして近代資本主義となり社会主義体制へと「歴史は進んでいく」のである。さらには，段階Aから段階Bに移る際には，段階Aでの下層階級による革命が生じるとマルクスは論じた。各段階においては生産手段を独占する上級階級（たとえば地主）が下層階級（たとえば小作人）を搾取しているという認識がその前提としてあったのだ。

　この歴史発展段階論に基づいて，近代ヨーロッパ史においてはブルジョア革命によって絶対主義が倒され資本主義体制が成立した，とマルクスは結論づけたのである。さらには，資本主義体制のもとでは資本家階級が労働者階級を搾

取しているとされた。こう認識したマルクスらは，労働者による社会主義革命を呼びかけたのである。社会主義体制に移行していくのは歴史の必然という信念をマルクスたちは持っていたのだ。

では，このマルクスの理論を日本にあてはめればどうなるのか。具体的には明治維新以降の日本はいずれの歴史発展段階にあるのか。近代資本主義段階にあるのか，それともそこまで完全に到達したとはいえないのか。この点を革命の視点から考えてみるならば，徳川幕藩体制が武力によって倒された明治維新はブルジョア革命か，それともそうでないのか。こういった問いが日本のマルクス主義者たちの関心を集めたのである。

労農派は明治維新を完全なものではないにしろブルジョア革命とみなし，明治時代からの日本を近代資本主義国家であると断じた。対して，明治維新以降の日本においては，絶対主義の要素が強く残っていると論じたのが講座派であった。この論争は，実証レベルにおいてさまざまな小論争を引き起こしていったのである。

参考文献

野原慎司『戦後経済学史の群像——日本資本主義はいかに捉えられたか』白水社，
　　2020年，第1章。

5　ま と め

以上，具体例をそれぞれの研究タイプについて紹介してきた。政策研究の例として挙げた小村寿太郎による「日英同盟対日露協商」の比較考察以外は学術的な例で，初学者にとってはとっつきにくいものであったかもしれない。にもかかわらず，あえてこれらを挙げたのは「学問の世界」において実際に展開されてきたものだからである。読者のアナタも「学問の世界」にいるのであり，そこでは脈々とリサーチ・トライアングルに基づく議論が展開されてきたことに思いをはせてほしい（☞*BOX3-2*「象牙の塔というなかれ」）。そしてこのプロセスは現在も展開されている。その結果が学術論文や学術書として出版され

第 3 章 「謎解き」の例　　75

> **BOX3-2　象牙の塔というなかれ**
>
> 　象牙の塔という言葉は大学業界・学界を揶揄して使われることが現代では多い。つまり，大学教授は大学の研究室にこもり世間知らずで，非社会的な存在という意味でよく使われる。しかし，社会科学に限っていえば，これは表層的な見方であると言わざるをえない。
>
> 　社会における複雑で大きな問題について取り組んでいくには大学教員の知見，まさに有識者の知見が欠かせないのがその理由である。筆者の専門分野でいえば，安全保障や外交問題といったような一国の将来を大きく左右する問題がある。こういった点に関する本格的な研究は，政府の外では大学やシンクタンクでしかなされない。なるほど，一般市民が送る日々の生活からは戦争や外交というようなことは皆目見当がつかないかもしれない。しかし，大学や学界においてこそ，そういった問題が検討されるのである。
>
> 　別の言い方をすれば，政府だけでこういった問題が研究されている状況が仮にあるとすれば，国民としては大変心もとない。政府がつねに正しい判断をするとは限らないからだ。政策を決定・実施するのはむろん政府であるが，政府外において知見や見識が豊かに存在している知的環境は一国にとって欠かせないと思われる。

ており，アナタもそれらを読むことになるかもしれない。その際に「この著作，どのタイプの謎を解こうとしているのか」「どのように謎は解かれたのか」といった視点から挑んでほしい。

　これで基礎編は終わった。つぎに応用編に移ろう。アナタはリサーチ・トライアングルの知識を使いつつ，いかにして学術文献を読みこなし，自分の考えをまとめて発表し，他者の発表にコメントを加えつつ討論をさばいていき，さらには論文を執筆していくべきなのか。こういった点を順に解説していく。

パートⅡ　応用編

設計図を活用しよう

第4章

文献を読んで理解する

この章の構成

1 文献目録を作る

2 文献アイテムの構造を把握する

3 文献の全体像を把握する

4 まとめ

---この章の目的---

　文献を効率よく読み，内容を正確に把握することは知的活動の基礎の基礎といえよう。とりわけ学術関連のこむずかしい文献を消化するには知力と忍耐を要する。そのうえで自分自身の研究テーマを絞っていくこととなる。これを裏返して言うと，研究テーマを選んで謎を見つける際，これまで出版された成果や議論を知らないとどうにもならない。つまり先行研究を読み込む必要があるのだ。シロウトの単なる思いつきは空振りに終わるだけである。そこで本章は文献を読んで理解する際に必要な三種類のスキルを解説する。リサーチ・トライアングルに関する知識がここでも大いに役に立つ。

1 文献目録を作る

「うーん，この論文，最初から読み始めたけれども，内容が難しくてすらすら読めない。ポイントがわからない」「この本，情報量が多すぎで時間内に読みきれない」「論文をいくつか読んで，それらをまとめないといけない。一本一本は読めても，これらをどうまとめたらいいんだろう」。大学でこういった経験をする学生は数多い。そもそも体系的にまとまった文献目録を作成しないといけない。

　こういった（学術）文献を読みこなしていくための基本的作戦を本章は説明していく。以下，混乱を避けるため，「文献」と「文献アイテム」という二つの言葉を使うこととしよう。著作一つを「文献アイテム」と呼び，複数の文献アイテムが集まって「文献」を構成しているとする。つまり「文献」は「文献アイテム」の集合体というわけだ。

　文献目録とは，複数の文献アイテムからなるリストのこと。選んだテーマに関して文献アイテムが集められ，五十音順（英語文献アイテムであればアルファベット順）に，それも定められた書式どおりに並べられたものが文献目録にほかならない。学術書の一番最後に掲載されていることも多い。関連文献を見つけ出し，文献目録を作成するのは基本中の基本。重要な文献アイテムが抜けていたり，書式に従っていない（たとえば五十音順になっていないなど）というような問題がないよう，きちんと仕上げる必要がある。この作業ではリサーチ・トライアングルに関する知識は不要である。

　文献目録を作成したのち，二つの作業が続く。第一に，文献アイテム一つひとつの読解である。第二に文献の全体像（鳥瞰図ともいうべきもの）の把握である。以下，解説していく都合上，文献アイテムに一つずつ目を通していき，そのあと文献の全体像を把握するという手順を踏むこととしよう。実際にはこれら二つの作業の間を行き来することがある。そしてこれら二つの作業それぞれにおいて，リサーチ・トライアングルについての知識が成功のカギを握るのだ。

第*4*章　文献を読んで理解する　　　**81**

では，まず文献目録の作成方法から説明していこう。

図書館で信頼できる文献を集める

　文献のなかでも信頼できるものとできないものがある。「信頼できないもの」は避けるべし。たとえば個人のブログや SNS がそれにあたる。「信頼できるもの」に限るべし。「信頼できるもの」には，例外はあるものの，基本的には社会的信用が認められている団体や個人が発信するものが含まれる。たとえば学術文献はもとより，報道機関，出版社，シンクタンク（民間や政府の研究機関）や政府，大学，企業，そして NPO 等（ならびにそれらの団体に所属している個人）が著した文献である。

　インターネット時代においては情報はあふれている。なかには陰謀論をSNS などに投稿する輩もいる。ここでいう陰謀論とは，客観的な証拠がないのに「○○が実は世界を裏で操っている」というような議論のことを指す。その他，思い込みやバイアス（偏見）に染まって，客観性や信頼性に欠ける情報を発信する者たちも見かける。こういった情報に惑わされてはいけない。できるだけ客観性や信頼性がある情報だけを取り扱うという方針が望ましい。ということで，上に述べた「信頼できる文献」に焦点を絞ることとなる。

　となると，まずは図書館を活用するのが最善策だ。図書館には「信頼できる文献」が集中している。学校の図書館をはじめ，地域にある公立の図書館を大いに利用すべきであろう。それらには図書館司書というプロがいるので，必要に応じてアドバイスを求めるとよい。そのうえで，論文，蔵書，新聞など，そしてインターネット上にある「信頼できる情報」を調べることとなる。当然，図書館の利用法などは各自調べておくべき基礎的知識なので本書では割愛する（図書館で催される各種無料講習会に参加することを大いに勧める。大学での知的生活に必要なスキルに関連する知識を手っとり早く得ることができる）。

文献目録の作成方法を学ぶ

　信頼できる文献を集めていく際，きちんとリストを作る必要がある。これを

文献目録というのはすでに述べたとおりだ。書式にのっとって，五十音順に文献を整理する。これがないと後々，苦労するので欠かせない。大学や分野によっては決まった文献目録作成のルールがあるかもしれない。ネットで検索するとさまざまな書式が出てくる。どれを選ぶにせよ，**一貫した書式で文献目録を作成すべし**。文献目録をあなどるなかれ。きっちり書式に従って，漏れがないように完成させたい。読み手からすれば，その完成度次第でアナタの印象が決まるといっても過言ではない。ちなみに学生が書いた論文（第7章で攻略法を説明する）は本文と文献目録から成り立っているが，大学教員が採点する際，長い本文よりもまずは短い文献目録の出来具合をチェックすることもある。本文の出来具合と文献目録の完成度は比例することが多いので，文献目録を見れば，本文の質もおおよその見当がつくというわけだ。

文献検索システムを使う

図書館の端末を通じて，あるいは自宅からインターネットでその図書館のサイトにアクセスして，文献検索を開始する。まずは，**文献検索システムでキーワード検索をするのがお勧め**。ヒットすれば書物や論文がリストアップされる。その図書館の蔵書目録をチェックするのは後でよい。日本語のみに絞る場合，CiNii Research というサイトが広く使われている。その他，MagazinePlus や J-STAGE といったものもある。図書館で確認するとよい。

こういった**キーワード検索や図書館蔵書目録チェックを補完する作戦**がある。後ほど説明するように，いくつかの文献アイテムに目を通しているうちに，言及・引用されている文献アイテムに気づくであろう。これらをアナタの文献目録に加えていくのである。いわば芋づる方式。このことから想像できるように，最初に完成した文献目録をそれ以降も改訂（追加・削除）していくことはよくあることだ。言い換えれば最初に作成した文献目録で完成ではないのである。

文献目録に何点ぐらいの文献アイテムが必要なのか

「文献アイテムは必ずこれくらいないといけない」というようなルールはな

い。しかし，次の点を考慮してほしい。まず，リサーチ・トライアングルは一つの謎に関して正解と対抗する答えから成り立っているから，正解と対抗する答え，それぞれに少なくとも一つずつの文献アイテムが必要となる。これが理屈のうえでは最低ラインであろう。そうでないとリサーチ・トライアングルが成立しないから。ところが，実際には，文献全般において二大対抗陣営が繰り広げる論争があって（あるいは陣営数はもっと多いかもしれない），各陣営に複数の論者が属しているといったことも考えられる。さらには論争に直接的には関係がない歴史背景や文脈を説明するような文献アイテムもあろう。

　このように考えれば，経験上，**大学（学部生）レベルでは，やはり 10 から 15 ぐらいの文献アイテムは少なくとも必要**ではないかと思われる。もちろん，例外はあろう。ちなみに筆者の担当科目（政治学，三年生むけ）では学生が論文（タームペーパー）を書く際，この程度の基準をクリアーする文献目録が論文の最後に添えられている。

　他方，時間の制限もある。いつまでも文献調査に時間を費やすわけにはいかない。また，過去何年まで文献をさかのぼるのかという問題も出てくる。こういった点に対してはその時々で適切な判断をするしかなく，つねに守るべきルールというものは存在しない。指導教官に指示を仰ぐとよかろう。

　いくら探しても文献量があまりにも少ない場合，リサーチ・トライアングルを組み立てていくとっかかりがない。そのような場合は，テーマそのものを切り替えることとなる。つまりいまのテーマを却下するか，あるいはテーマの角度を変えることとなる。その反対に，あまりにも文献アイテムが多ければ「過去〇〇年間のもの」などと区切らざるをえない。比喩でいえば今晩の献立と買い物の関係に似ている。献立ばかり考えていても，まずはスーパーマーケットに行ってみないと必要な食材があるかどうかわからない。求めていた食材がなければ献立を変えるしかない。他方，食材の種類があまりにも多様であれば，どれかに絞ることとなるが，こういった作業を経て実際の献立を組み立てて料理することとなる。研究テーマと文献調査もこれと似たような関係にあるのだ。「このテーマ，あのテーマ」と頭のなかで考えているうちに時間が過ぎていく。時間を無駄にしないためには，まずは図書館（検索システム）を使って，どのような文献アイテムが実際にあるのか調べるのがよい。

2 文献アイテムの構造を把握する

文献目録が完成したら，次は五十音順にリストアップされた文献アイテムを実際に集め，それに目を通していくこととなる。この時の目的は二つ。まず第一に各文献アイテムの内容を理解すること。第二に，集めた文献についての全体像を把握することである。以下，便宜上，学術文献（論文や著書）に絞って話を進めていこう。ここで説明する方法はそれ以外の文献にも応用できる。

読む順番は「論文が先，著書はあと」

文献目録のなかには論文と著書が複数含まれているであろう。作戦としては，**論文をすべて読了する**ことをまずはめざす。そのつぎに著書にかかる。なぜか。簡単に言って論文は短かくて，議論もコンパクトにまとめてあるので読解するのに時間がかからないからである。対して，著書は長くて議論も複雑。読了するのに時間がかかる。

文献アイテムの読み方

では，第一のステップ，つまり文献アイテムの内容を理解する方法を解説していこう。文献アイテムを一つずつ読んでいくのであるが，**最低二回は読む**と思ってほしい。一回ごとに読み方が異なるのだ。まず，最初はサーッと要点だけ押さえる読み方。二回目は精読である。この間，文献シート（後述）を使って文献アイテムの要点を記録していく。つまり，二回目の精読が完了した段階で，文献シートも完成するというわけである。第一ステップの最終目標は，集めた文献アイテムすべてについて文献シートを作成すること。仮に15の文献アイテムを扱うとすれば，15枚の文献シートが作成されることとなる。

一回目の「要点のみを押さえる読み方」では，文献アイテムが提出している議論の全体像を理解するのがその目的である。詳細は二回目の精読の際に把握

第4章 文献を読んで理解する　　**85**

する。

　例外はあるものの，社会科学系の学術論文の基本構成は以下のようになっている。〈重要〉と入っている箇所にとりわけ注意を払ってほしい。学術論文であれば，こういった構成が確立されていることが多い（そうではないこともある）。別の言い方をすれば，学問のプロはそういう形式（設計図）で書き上げるように訓練を受けている。であれば，読者であるアナタはそういった構成を「効率的な精読」のために利用すべきであろう。そうではなくて，ただ初めから最後まで映画をみるように文献アイテムの文章を一つずつ追ってしまうと時間がかかり，アナタの頭も混乱しかねない。

　以下の学術論文の一般的な構成をみればわかるように，リサーチ・トライアングルそのものは論文構成には現れない。いうなれば**リサーチ・トライアングルは「下敷き」あるいは「埋もれた設計図」の地位**にある。

社会科学系学術論文の構成

1.　タイトル：論文の趣旨を反映している。〈重要〉
2.　要約：論文が提出する「正解」やその意義などを簡潔にまとめてある。〈重要〉
3.　論文テキスト

　3.1　序論
　　　3.1.1　一般的なオープニング
　　　3.1.2　論文が展開する議論の要約〈重要〉
　　　3.1.3　本文の構成の説明

　3.2　本文（「背景情報」と「分析」の二つの部分に分かれている）
　　　3.2.1　背景情報（以下の三点は順序が変わることもある）
　　　　　3.2.1.1　先行研究の批判的検討（文献レビュー：先行研究における不十分な点を指摘する。本論文はそれを是正するための試みであるから。）

　　　　3.2.1.2　論文テーマの背景や文脈

　　　　3.2.1.3　理論/概念/分析/方法論/データについての予備的考察
　　　　　　　　　（例：使用する概念の定義，事例選択やデータの説明，分
　　　　　　　　　析方法の根拠など）

　　　3.2.2　分析〈重要：核心部〉

　3.3　結論

　　　3.3.1　論文が展開する議論の要約（3.1.2 と表現は異なるものの同じ
　　　　　　内容）〈重要〉

　　　3.3.2　3.3.1 の議論の含意（別の文脈での意義）ならびに今後の研究課
　　　　　　題の提示

　　　3.3.3　締めくくりの言葉（映画の「終わり」に相当）

　これを図解したのが図 4-1 である。見出しは少々変えてあるが内容は同じ。

　文献アイテムの内容を理解するには，まず以下の箇所を読む。とりわけ上の
「社会科学系学術論文の構成」に〈重要〉として示されているものを読む。

・タイトル

・要約（これがない論文もある）

・序論

・結論

　そう，本文（序論と結論に挟まれている箇所）は読まない。それでも，論文
の全体像がおおまかにつかめるはずである。つぎに，本文にある見出し・小見
出しだけに目を通す。著書の目次を見るのと同じで本文の構造がわかる。

　その後に，本文の後半部にある分析の箇所を注意しつつ読む。よくある間違
いは，本文の前半にある背景情報の読解に時間を無駄に費やしてしまい，分析
に進む段階では頭が疲れた状態になってしまう事態に陥ること。なので，本文
に取り組む際には核心部，うまり分析をまずは読むとよい。背景情報の箇所で
ひっかかっては時間がなくなるので要注意。分析のつぎに背景情報に目を通す。
くわえて，次の読書作戦もやっていただきたい。本文全体は各セクションから

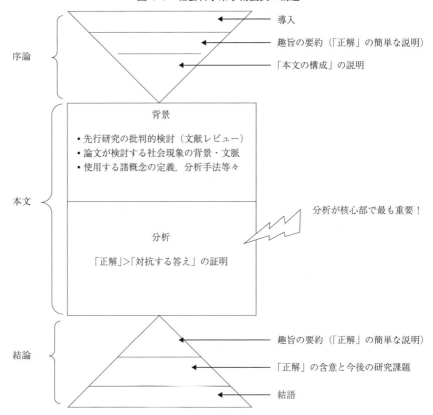

図4-1 社会科学系学術論文の構造

成り立っているが，それぞれのセクションの最初の段落と最後の段落を読むというものである。各セクションは見出しで始まっている。各セクションの最初と最後の段落にそのセクションの要約が書かれていることが多いのだ。

　学術文献以外の文献アイテムでも似たような読み方が有効である。タイトル，要約，（あれば）目次に目を通す。そして序論部と結論部にあたる部分をまずは読むとよい。その段階でこの文献アイテムの趣旨が理解できるはずである。そして分析にあたる部分を精読するのだ。つまるところ，物事にはなんらかの構造（つまり骨組み）が潜んでいる。外からは見えないが潜んでいる。まさに

人間の骨格のごとく。そういった潜んでいる構造をいかにすばやく把握するかがポイント。文献アイテムの場合も同じである。

　これで，一回目の「要点のみを押さえる読み方」が終了した。つぎに**文献シート**を使った精読に移ろう。「一文献アイテム＝一文献シート」方式で，論文の骨子を統一的な枠組みでもって文献シートに記録（**コード化**）するのである。序論から読み始め，本文の背景情報，そして分析へと読み進み，最後は結論で完了。この時，アナタの読み方はかなりスムーズなはずである。まず要点が頭に入っているし，さらには文献シートに記入すべく何を見つければよいのか，文章を追う際に理解しているからだ。まるで落とし物を探すために探索するように。こういった姿勢がないと，目の前の文章を逐一理解しようとして時間と知的エネルギーが浪費されてしまうだろう。慣れてくれば，一回目の読み方の際にすでに文献シートを記入し始めてもよい（必要であれば，二回目の精読の際に書き直せばよい）。

　こうして文献シートを作成していく。のちほど，作成したすべての文献シートを比較して，文献の全体像を把握するのに使うのだ。比喩でいえば，入居するアパートを何件か回ってチェックしていく際に，同一型式のチェックリストを使うことを想定してほしい。そういったチェックリストは，後ですべてのアパートを一括して比較検討する際に便利であろう。

　文献シートの基本的型は次のようなものだが，独自に変更してもよい。たとえば，リサーチ・トライアングルの箇所により細かい項目を入れてもいいだろう。ただし，シートという名称のごとく，一頁か二頁ほどのものを想定している。それより長くなると，あとで相互比較するのに時間がかかる可能性があるので要注意。

文献シート

A　文献情報
　　著者とタイトル：

B　趣旨の要約

第4章 文献を読んで理解する　　89

C　リサーチ・トライアングル
　C1　リサーチ・クエスチョン（謎の内容およびタイプ（四タイプのうち一つ））
　C2　著者の答え
　C3　著者が想定している「対抗する答え」
　C4　分析（その具体的内容）
　　　論証
　　　実証

D　付随的内容（背景・文脈，概念，キーワードなど）

E　読者コメント（批判点を含む）

　ここで四点，補足しておきたい。第一に，すでに指摘したとおり，リサーチ・トライアングルやそれらを構成する諸要素はそのままの形では論文に現れない。たとえば，正解に該当するのは論文が提出する中心的議論（命題・主張）であろう。また，学術論文の使命は先行研究の不備を是正していくことにあるので，対抗する答えは先行研究（の批判的検討箇所）にあることが多い（別の箇所の場合もある）。このように，論文内容をリサーチ・トライアングルの要素に翻訳していくこととなる。
　第二に指摘したいのは，リサーチ・トライアングルの要素が論文のなかに見つからない可能性である。たとえば，リサーチ・クエスチョンそのものは論文には明示的に書かれておらず，正解（これは著者の見解・主張にあたる）と対抗する答え（著者が批判する先行研究）だけ論文に書かれているかもしれない。そういった場合，正解ならびに対抗する答えがともに答えようとする暗黙の問いは何か，読者自ら論理的に推論し文献ノートに記入していくしかない（その場合，読者自身の推論ということが後でわかるように印をいれておくと混乱しない）。学術文献でないアイテムでは，正解だけ書かれていて，リサーチ・クエスチョンや対抗する答えがないこともある。
　したがって，文献シートを使うからといって，論文の内容を直接記録するわ

けではない。また，二回目に読むとき文献シートにできるだけ記入するものの，翻訳や推論するのに難しい点は，後で三回目の機会に完成するという作戦でもかまわない。

　第三点は，のちほど文献シートを比較検討する際，リサーチ・クエスチョン（つまり謎）ごとにグループ分けしていくので，リサーチ・クエスチョンの内容とともにどのタイプのものか確定することがこの段階で欠かせないということである。すでに説明したとおり，因果研究，政策研究，属性・概念研究，評価研究の四タイプがあるが，道徳研究のような例外が存在する可能性もあろう。いずれにしても，リサーチ・クエスチョンの記入は欠かせない。

　第四の点としてリサーチ・トライアングルがなく，上の文献シートでいう「D　付随的内容」のみの文献アイテムもありうることを指摘しておきたい。たとえば，テーマに関する歴史的文脈のみを提供するもの。そういう文献アイテムでも文献シートを一枚使って記録しておくとよい。

　以上の四点を具体例を示しながら説明してみよう。便宜上，四種類の謎に焦点を絞る。まず集めた文献をみてみると，一見すれば同じテーマでも実際には質の異なる種類の議論が展開されていることに気がつくであろう。多数の著者たちがそれぞれ別の角度から同じテーマや謎を論じている状況といえる。たとえば，日本における原子力発電について，「原子力発電所は多数あったのに，なぜ少数の発電所しか稼働していないのか」（因果タイプ）や「原子力発電所は将来どうあるべきか」（政策タイプ）といった具合である。こういったような異なる議論は，異なる謎を想定しているものと判断してほしい。

　文献アイテムのなかにはこういった問いを直接投げかけずに「自分の意見」だけを述べるものもあろう。リサーチ・トライアングルでいえば正解にあたるものである。たとえば，「『原子力村』と呼ばれる専門家集団に国民は不信の眼を向けている。それが政府を動かし，少数の原子力発電所しか稼働していないのだ」といったような議論があるとしよう。この意見は「なぜ少数の原子力発電所しか稼働していないのか」という因果タイプのリサーチ・クエスチョンに対する正解だと理解できる。それを文献シートに記入する。対抗する答えはこの文献アイテムでは述べられていないので，文献シートで該当する箇所は空白のままにしておく。また，謎は設定されておらず「日本における原子力発電の

歴史」といった内容の文献アイテムもあろう。その場合，文献シートで「D
付随的内容」のところに記入する。

　以上，論文を読了する作戦を説明してきた。著書一冊の内容を把握するにも
似たような作戦が効果的である。もちろん，目を通すべき情報量は多くなるが
基本的作戦は変わらない。論文の場合と同様に「一文献アイテム＝一文献シー
ト」の方針で著書の文献シートを作成する。

　論文の構造も著書の構造も基本的には同じである。上で記した「社会科学系
学術論文の構成」にある序論と結論は著書ではそれぞれ一章があてがわれてい
る。本文にあたる箇所は複数の章から成り立っているが，前半は背景情報，後
半は分析に分かれているのは論文の場合と変わらない。論文の見出しにあたる
のが，著書の章立てである。論文にはない目次が著書の場合はあるので，この
点便利であろう。論文の見出しに目を通すべく，著書の目次に目を通せばよい
（また著書の索引はカギとなる概念を検索する際に大変便利なのでぜひ活用し
たい）。

　情報量が多い著書ではあるが，各章においても独自の構造があるので，それ
を理解しつつ効率的に読むことが肝要である。つまり各章における序論と結論
をまずは読む。それでその章の趣旨が理解できる。つぎに見出しに目を通せば，
その章における議論の構造がわかる。見出しがついているセクションの最初と
最後の段落を読めば，そのセクションのポイントを押さえることができる。こ
のようにして各章を読んでいくのだが，複数の章から成り立っている議論を把
握するのにとりわけ効果がある。さもなければ，情報量に圧倒されてしまうか
らだ。

　この作戦は**「サンドイッチ作戦」**ともいうべきものである。著書全体におい
ては最初の章（序章）と最後の章（結章）を読み，本文の各章においても最初
の箇所（序論）と最後の箇所（結論）を読む（もちろん，本文のなかでも分析
の箇所を背景より先に読むのは論文の場合と同じ）。さらには各章において見
出しがついているセクションにおいても最初の段落と最後の段落を読む。この
ように読み進めれば，「なにげなく序章から延々と読み続ける」といった作戦
よりも効率的に内容を把握できよう。ここでも学術文献の構造を理解すること
が役に立つ。

既述したとおり，まずは論文をすべて読了し文献シートを作成したのちに，著書に取り掛かるとよい。論文精読を終了した段階で，「学術文献の読み方」がかなり上達しているはずである。その勢いでもって著書に取り組むとよかろう。

3　文献の全体像を把握する

　すべての文献アイテムの読了（つまり文献シートへの書き写し）が完了すれば，つぎにこれら文献アイテムが構成する文献全体の様子を把握するステップへと移る。

　こういった全体像が把握できた段階，つまり第二ステップが成功した暁には以下の点がすべて明確になっている。慣れてくれば，第一ステップ終了の段階で大まかなイメージが頭のなかに形成されているであろう。

- どういった種類の謎（リサーチ・クエスチョン）が文献に存在するのか。
   最低でも一つ，多ければ四種類あるはず。さらには同じタイプの謎でも，謎の内容が完全に異なるものがあれば，二つの謎がそこには存在することとなる。あるいはこれら二つの謎の内容をなんとか一括りできれば一つの謎として処理できる。そのように数えれば総計いくつの謎が文献には存在しているのか。

- 論争が存在している謎はどれか，参加者は誰か。
   とある謎に関して，少なくとも二人の論者が別々の正解を提出しているときに論争が成立している。具体的にどの謎についてそういった論争があり，具体的に誰（著者名と文献アイテム名）が参加しているのか。論争は陣営間のものかもしれない。つまり二人以上の論者が同じ正解を提出していれば，彼（女）らは同じ陣営に属することとなる。そうであれば，おのおのの陣営が提出している正解は何か。各陣営内で細かい意見の違いはあるかもしれないが，その陣営全体が合意している同じ基本的な答えがここでいう正解を意

味する。そういった陣営内共通の正解におけるキーワードは何か。

• 論争のうち，最も参加者が多いものはどれか。
　一般的に言って，論争に参加している論者が多ければ多いほど，その論争は重要なものと判断できる。

• その論争において，各陣営が採用している分析法は何か。
　それぞれ，正解の根拠としている論証点・実証点は具体的には何か。

　以上の問いにアナタなりに答えられれば，**文献の全体像**が成立する（答えはしっかり書き記しておくこと）。「○○（社会現象）をテーマにして研究しよう」というところから始まって，「社会現象○○をめぐる△△の謎についての論争はこれだ！」というところまで到着したのである。
　では，そこまで到着する方法について解説していこう。

文献分類表の例

　まずは，文献アイテム一つひとつを四タイプの謎のうちどれか，あるいは「その他（謎に関係ない情報だけのもの）」に分類していくのである。また，どの謎にもあてはまらなさそうな文献アイテムも出てくるかもしれない。たとえば，背景や文脈を記述するだけのもの。さらには，これまで提出された議論（つまり謎の答え）の一覧や解説のみに焦点をあてる文献アイテムも。こういったものは「その他」に入れるとよい。
　以下は仮想の例である。20 の文献アイテム（文献ア〜文献ト）を文献シートに基づいて分類したものだ。こういった表を**文献分類表**と呼ぼう。A1，A2，A3 や B1，B2，のように大分類 A，B，C のなかでより細かい分類が示されている。
　説明の便宜上，この仮想例では文献アイテムは比較的均等に分かれている。実際にはもっと偏ったものになるかもしれない。ちなみに，この例では C の属性・概念研究の各サブグループ，ならびに D の評価研究にはそれぞれ一つ

94 パートⅡ　応用編　設計図を活用しよう

の文献アイテムしか分類されていない。少なくとも二つの文献アイテムがない
と論争は成立しないので，これらには「論争がない」こととなる。

文献分類表

A　因果研究
　　A1　　謎 P　　　　　　　文献ア，イ
　　A2　　謎 Q　　　　　　　文献ウ，エ
　　A3　　謎 R　　　　　　　文献オ，カ

B　政策研究
　　B1　　謎 G　　　　　　　文献キ，ク，ケ，コ，サ，シ，ス
　　B1　　謎 H　　　　　　　文献セ，ソ

C　属性・概念研究
　　C1　　属性に関する謎 S　　文献タ　→　論争なし
　　C2　　概念に関する謎 T　　文献チ　→　論争なし
　　C2　　概念に関する謎 U　　文献ツ　→　論争なし
D　評価研究　　　　　　　　　文献テ　→　論争なし

E　その他（たとえば日本における原子力発電に関する通史，ならびに原子力
　　発電のしくみに関する工学的説明といったようなもの）
　　　　　　　　　　　　　文献ト

さらなる検討

　上の文献分類表では，「B 政策研究，B1 謎 G」には七名も著者がいる。いま，
仮にこれら七名が二つの陣営に分かれて論争に参加し，それぞれ答え X，答
え Y を出していると仮定しよう（たとえば「文献キ，ク，ケ，コ」対「文献

第4章 文献を読んで理解する　　　　　　　　　　　　　　　　　　　　**95**

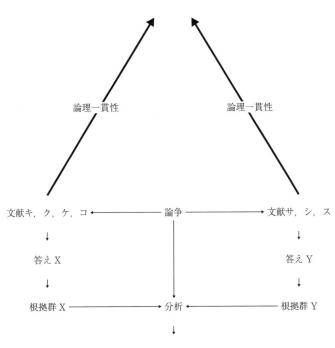

図4-2　重要文献アイテムがなすリサーチ・トライアングル

＊謎Gに関する背景情報は，他の文献アイテムから補うとよい。

サ，シ，ス」）。そうすれば，これが最も重要な論争だといえる。アナタはこれら七名の著者名・文献アイテム名はもとより，各陣営が提出している正解とその根拠を確認すべきである。各文献アイテムごとに根拠が異なるであろうが，そうなれば各陣営は根拠群ともいうべきものを持っていることとなる。また陣営内で共通する「大枠の答え」があったとしても，細かい点においては文献アイテムごとに異なっていても不思議ではない。こういったことを踏まえて，図4-2のようなリサーチ・トライアングルにまとめるのである。

BOX4-1　対抗する文献アイテムを突き合わす「頭の体操」

「頭の体操」として以下の方法を試してほしい。とある謎について，対抗する答えを提出していると思われる論者を二名（文献アイテム二つ）をまずは探し出す。これら二名，実はよく読むと想定されている謎が微妙に異なることがありうる。となれば謎が共通のものとなるように改訂するのか，あるいは別の論者を選び直すしかない。このようにリサーチ・トライアングルが論理において一貫している（論理一貫性がある）ように整えるのである。余力があればこれら別々の陣営に属しそうな論者を付け加えることもできるであろう。その後，分析に進み，いずれの答えがより好ましいのかアナタが判断を下す。こういったリサーチ・トライアングルに基づく思考訓練がここでいう「頭の体操」であるが，これを別のテーマ・謎で繰り返していく。そうすると「謎解き」のコツがつかめてくるのだ。また，文献を使わなくても，日常生活のなかでリサーチ・トライアングルを使う機会があろう。たとえば意見の対立に直面するときがそうだ。そういった際に自分の意見を定める手法としてリサーチ・トライアングルを応用できる。

　そして謎 G（リサーチ・クエスチョン），答え X，答え Y の間に論理一貫性があるか再確認する。必要であればこれらにおける概念の明確化などを施す。その際に第 2 章第 4 節で論じた点を参照するとよい。こうして文献における最も重要な論争に関するリサーチ・トライアングルを完成させるのだ。また，余裕があれば別の謎についても同様のリサーチ・トライアングルを描くとよい（☞BOX4-1「対抗する文献アイテムを突き合わす『頭の体操』」）。

　この段階でアナタは文献の全体像を把握した。つまり，実在する謎の特定，とりわけ最重要なものを特定し，そして文献アイテムの分布の特定ができて，さらには，その最も重要な論争の内容も説明できるのである。

　ここでもう一歩，理解を深めよう。つまり**陣営間の論争にアナタが参加する**のである。双方が提出している根拠を比較検討し，アナタは裁判官さながらにどちらかに軍配をあげることとなる。その際，両陣営が提出している情報のほか，他の文献アイテムが提出している情報が役に立つかもしれない（文献シートをチェックすべし）。また，必要であれば陣営に参加している文献アイテムをもう一度読み直してみるのである。前回は見落としていた有益な情報がある

第4章 文献を読んで理解する　　　97

かもしれない。

---

4 まとめ

　本章で説いた基本点を箇条書きにしてみよう。

- しっかりした文献目録の作成方法を学ぶべし。
- 文献アイテムには「潜んだ構造」があり，それを理解したうえで効率的に読むべし。
- 文献アイテムの読了は複数回かかるが，文献シートを使ってコード化すべし。
- 作成した文献シートすべてを「共通する謎」を中心に分類して文献全体の見取り図（全体像）を完成すべし。
- これらすべての活動においてリサーチ・トライアングルの知識がベースになる（ただし文献目録作成は除く）。

　これらは集中力と努力を要する知的作業である。最初はひるむかもしれないが，本章で説明した作戦に従えば効率よく目的を果たすことができよう。

　ここでアナタは思うかもしれない「これ，具体的には何の役に立つのか？」と。答えは四つある。

　まず，アナタがゼミ論文や卒業論文を作成する際，本章で説明したさまざまな技法が欠かせない。論文攻略法は第7章で詳しく解説するが，そのための礎があるのとないのとでは，後々に大きな差が生じるのは想像にかたくなかろう。

　第二に，**書評**である。つまりブックレポート。本書が説いたような文献アイテム読解作戦を知らなければ，文献アイテムの内容を正確に把握できないか，できたとしても感想文のような薄っぺらなものしか書けないであろう。読んだ文献アイテムを批判的に考察するには，とりもなおさずその論理構成を把握しなければならない。それには，文献シートにまとめるのが効果的である。リサーチ・トライアングルに文献アイテムの内容を落とし込めば，すべての要素が満たされるのか否か，それらの論理的関係は健全かどうか，分析の質はどうか

などといった点が検討できよう。さらに可能であれば別の文献アイテム，それも同じ謎に取り組むものを見つけだし，それと比較すれば，より深く理解できる。比較すると以前わかりにくかったところ（たとえば弱点や改善すべき点など）が明確になるからだ。ここで文献分類表の知識が役に立つ。

　第三に**文献レビュー**である。別名，先行研究レビュー（先行研究の鳥観図ともいうべきもの）。**先行研究**はこれまで出版物（論文や著書）として発表されてきた学術研究のことを指す。そもそも，学問は「先行研究を乗り越えていく使命」を持っている。つまり「先行研究を整理してみました」という作業だけでは無意味なのだ。そこには批判的検討，つまり改良すべき点の指摘がなければならない。レビューという言葉は，そういったニュアンスを持っている。改良すべき点を示す（つまり解決すべき問題点を示す）という「診断」があって初めて「治療方針」（解決策の提示）が成立する。そして「診断」のあと実際に「治療」した結果を，つまり改良を完了した結果を論文や著書として研究者たちは発表していくのだ。そういった文献を次の世代の研究者が再び吟味し，新たな「診断と治療」を執り行う。こういったサイクルの繰り返しで学問は進んでいくのである。

　こういった学問の「基礎の基礎」である文献レビューを実行するには，本章が説いてきた文献の全体像を把握する技術が欠かせない。それには訓練が必要である。そもそも文献のなかで謎を探し出し，文献アイテムを仕分けしていき，文献全体を把握するというような能力があって初めて適切な文献レビューが満足にできるのだ。仮に未解決で継続中の論争を見つけたとしよう。その論争の存在そのものが「学問上，解決すべき問題」であり，論争の存在を指摘することが「診断」を下すこととなる。

　実際，第7章第1節で説明するように文献レビューはゼミ論文や卒業論文に含まれる。その上級クラスにある修士論文・博士論文・学術論文すべてにおいても含まれているのはいうまでもない。さらにはプロによる文献レビューは**書評論文**として発表されている。最近出版された文献アイテム数点に焦点を絞り，「当該テーマについて現時点で解決されたことならびに未解決なことの両方を指摘すること」を目的とする論文こそが，書評論文である。

　第四に，学問の場を離れても本章が説いてきた能力，つまり**文献読解力**は欠

かせない。文献アイテムの内容を正確に理解し，複数のアイテムの間に存在する構造を見抜くという能力は応用がきく。その場合，文献アイテムは学術文献ではなくて報告書やレポートの類であろう。学術文献とは異なって，それらは独自の内部構造を持っている。要はそういった内部構造を見抜き，書いてある情報を正確かつ効率的に把握し吟味できるかどうかである。さらには複数の報告書から成り立っている全体像を描くため，それらを適切に分類し統一的に俯瞰し理解する能力も必要だ。こういった情報単体ならびに情報群の内容を押さえる知的能力が現代社会では欠かせない。たとえばビジョンを打ち出す，企画書を書く（企画書は「現状が抱える問題の診断」のあと「適切な治療の計画」を提出するものにほかならない）といったような場面において必須である。その基礎訓練こそが本章が説いてきた内容なのだ（☞*BOX4-2*「俯瞰力の大切さ」）。

　これで文献を理解する方法について説明が終わった。これまではインプット（つまり情報の吸収）についての話であったが，次章ではアウトプットの話に移ろう。すなわち，自らの思考をまとめる方法である。

BOX4-2 俯瞰力の大切さ

　自分の目の前にある状況の細かいところではなく，一歩下がって全体像を捉える力を俯瞰力と呼ぼう。読解力を駆使して文献の全体像をつかむ能力も俯瞰力の一つにほかならない。それ以外の形の俯瞰力も存在する。俯瞰力を持つということは，言い換えれば**大局観**や**戦略観**を持つということ。これは社会生活においては欠かせない。とりわけ組織においてはそうで，この能力がなければ良い指導者にはなれない。たとえば，政府や企業といった大型組織をみてみよう。大型組織はピラミッド型で多くの下位部門から成り立っている。たとえば政府では省庁，企業では部署がそれぞれの下位部門である。「縄張り争い」「縦割り行政」「タコつぼ行政」といった言葉が示すように，下位部門はそれ独自の利益に執着する強い傾向があることは広く知られている。この傾向を言い換えれば俯瞰力が不足している状況といえよう。多くの下位部門がそのような行為を続ければ，大型組織内部の利益・政策調整ができずに全体の利益が損なわれることは想像にかたくない。実際，歴史にはそのような例があふれている。そこで，下位部門の指導者はもとより，大型組織の指導者もそのような状況を防ぐことが大いに望まれるのだ。

　文献アイテム一つに固執すれば文献全体の理解ができないのと同様，下位部門に属するとしてもその部門独自の論理に固執すれば大組織全体の利益は理解できない。部門を取り巻く外部環境，ならびにその環境における部門の位置に思いをはせ，分析し，部門の利益という「目先の利益」を乗り越えていくという俯瞰力の行使は大変重要である。

第5章

自分の考えをまとめて口頭発表する

この章の構成

1 自分の考えを明確にする

2 自分の考えを発表する

3 ま と め

───── この章の目的 ─────

　自分の考えを体系的にかつ，明確にまとめる。そしてそれを他者に口頭で伝える。さらには他者からの質問に適切に答える。本章はこれらのスキルを説明していく。そのもとにある発想は「リサーチ・トライアングルを設計図として使う」というもの。自分の考えをまとめる際の設計図であることはもちろんのこと，それを「他者との共通基盤」として使用すれば，コミュニケーションがスムーズにいくのだ。

1 自分の考えを明確にする

　次のような状況を想像してほしい。情報を多く集めたものの，頭のなかが混乱して整理がつかなくなった状況。つぎに，何かアイデアが出てきそうで出てこない，つまり頭のなかがモヤモヤした状況。そして，「君，これについてどう思う？」と聞かれて，意見を理路整然と言えず，仕方なくお茶を濁してしまう状況。最後に，口頭発表（以下，発表と略す）したにもかかわらず，聴衆者は「？」といった表情をし，さらには聴衆者からの質問にも「空振り」の答えをしてしまう状況。

　これらの失敗は，すべて**頭のなかに議論の設計図がない**ことから生じる。そういった設計図があれば，集めた情報や考えの断片を体系的に整理し，つなげることができて，頭のなかがすっきりする。意見の伝達も口頭発表も効果的にできる。

　そう，この設計図こそがリサーチ・トライアングルなのだ。「圧倒的な情報量を目の前にして，どうしたらいいのかわからない時」や「雲をつかむような状況に置かれて，にっちもさっちもいかない時」，こういった状況においては，自らが枠組みを作って「形がないもの，つかみようがないもの」にあてはめるのだ。これは，全く新しい社会状況が現れて，それに対して政策や法律を作る際にも採用される手順である。枠組みを作り，押し当てれば焦点が合わさってきて，行動の指針となる（☞*BOX5-1*「即席スピーチの枠組み」）。

　まずは自分の考えをまとめる作業を説明しよう。最終目標は自分の考えをリサーチ・トライアングルの枠組みにあてはめて，その要素の形で表現することにある。この作戦，二段階から成り立っている。まず最初にリサーチ・トライアングルの三つの頂点，つまりリサーチ・クエスチョン，「自分の答え（第2章の「正解」のこと）」，「対抗する答え」を論理一貫性を保ちながら作り上げること。第二段階は分析を固めること。つまりなぜ「自分の答え」が「対抗する答え」よりも良いか，あるいはいかなる条件のもとでは「自分の答え」のほうが「対抗する答え」よりも良いのか，確立させることである。この際，「自

第5章　自分の考えをまとめて口頭発表する　　103

BOX5-1　即席スピーチの枠組み

　その場で急に短いスピーチを頼まれたらアナタはどうするか。「いやいや，無理です」と断ってはいけない。そういった場合，スピーチの枠組み，つまり「型」を知っていれば怖くない。

　①結論を短く言う。②そして三つの理由やエピソードを述べる。③最後に結論を繰り返す。これで約三分。聞き手も「良いスピーチだった」ということで丸く収まる。あなたの株も上がること間違いない。

　たとえば，同僚や同級生の歓送パーティー。「○○さんは立派なリーダーでした」といったような短い結論から始まり，「理由は三つあります」あるいは「三つエピソードがあります」と言ってから具体的にその三つの内容を手短に述べる（だらだら長くならないように注意すべし）。そして最後に「立派なリーダーでありました○○さん，ますますのご活躍をお祈り申し上げます」といって締めくくるのである。これでうまく拍手で沸き起こって，場が収まる。あるいは「○○さんの前途を祝して乾杯したいと思います。皆様よろしいでしょうか。乾杯！」というのもよい。

　ここで「理由やエピソードは，なぜ三つなのか」とアナタは思うかもしれない。「三という数は，人間の心理としてすわりがよい数だから」としか言いようがない。三つより少なくても，また多くても「すわりが悪い」のだ。

　また，**結論を最初と最後に入れる**というのもポイント。いわばサンドイッチ作戦。耳だけに頼る聞き手にとってポイントが押さえやすい。結論が最初にないと「言いたいことがわからない」と聞き手はスピーチの最中にイライラする。かといって結論が最初だけだとスピーチが「尻切れとんぼ」となってしまう。「終わり（The end）」の文字が出てこない映画のごとく。だから結論を最初と最後に二回繰り返すのである。

分の答え」が一つしかないのに対して，「対抗する答え」は複数あるかもしれない。

　第一段階において三つの頂点を確立するには，大きくいって二つの出発点がある。リサーチ・クエスチョンと「自分の答え」との関係から思考を始めるか，あるいは「自分の答え」と「対抗する答え」との関係から始めるか，この二つである。これら二つの方法を組み合わせて使うとよい。そうすれば三つの頂点

の間の論理的関係がより明確になる。言い換えれば，三つの頂点が確立した段階においては，これら二つのどの方法で再確認しても，三つの頂点の間の論理的関係に矛盾や曖昧な点がないはずである。もしあれば，使用する概念の定義やリサーチ・クエスチョンの適用範囲や前提をより明らかにして，いわば「より絞った，より限定的な，より鋭い」リサーチ・トライアングルにしていく必要がある。こういったテストに合格するまで，第一段階は終了しない。それまでリサーチ・クエスチョン，「自分の答え」，「対抗する答え」の内容（定義）を改訂していくのである。実際に紙や黒板にリサーチ・トライアングルを書き出して可視化するとなおよかろう。

リサーチ・クエスチョンと「自分の答え」から始める方法

まず，リサーチ・クエスチョンと「自分の答え」との関係を明確にする方法から始めよう。この場合，「もし，自分が考えていることをリサーチ・クエスチョンへの答えという形にするならば，そもそもどういった問い（謎）を解こうとしているのであろうか」という自問から始まる。補助作業として，四種類あるリサーチ・クエスチョン（謎）のうち，どれを想定しているのか確定するとよい。その際，第2章第6節にある四タイプのリサーチ・トライアングルの箇所が参考となる。いうなれば，リサーチ・トライアングルにおける三辺のうち，リサーチ・クエスチョンと「自分の答え」との間をつなぐ「辺」の論理的関係を確立しようというわけだ。リサーチ・クエスチョンが定まれば，「自分の答え」に反対する答え，つまり「対抗する答え」に移る。そうして，これら三点の論理的関係を明確にしていく。

「自分の答え」と「対抗する答え」から始める方法

つぎに，「自分の答え」と「対抗する答え」の関係から始める方法である。「○○については，自分はＸと思う」という意見・主張をアナタはすでに持っているかもしれない。これを「ＹではなくてＸと思う」という形に変換していく。さらにはＸ（自分の答え）をもとにして，Ｙ（対抗する答え）を論理的

第5章　自分の考えをまとめて口頭発表する　　**105**

> **BOX5-2　正負思考法の応用**
>
> 　「自分の答えとは正反対のもの」を論理的に特定する作業を**正負思考法**（筆者の造語）と呼ぼう。この思考法は普段の生活でも役立つ。自分の意見を述べる前に「これと逆の意見は何？」とあらかじめ考えるのである。あるいは「どういった状況ならば，自分の意見を訂正せざるをえないのか（極端な場合は引き込める，あるいは『負けを認める』となるのか）」考えるのである。社会科学風にいえば自分の仮説を棄却せざるをえない状況といえよう。すると，「ズバッと言い切るよりも，こういった留保点（たとえば意見が成立する適用範囲や条件）をつけたほうがいいな」ということに考えが及ぶようになり，より研ぎ澄まされた意見となろう。聞いているほうからすれば「なるほど，思慮深い」となる。さらには話の場が落ち着く。冷静に会話ができる。
>
> 　これと真逆なのは「思いついたら口にする」「自分の意見が絶対正しいといわんばかりにまくしたてる」「相手の非をあげつらう」といったような思慮に欠ける態度である。当然，その場は気まずくなり緊張感が高まる。互いにこういった態度の応酬となれば，収拾がつかなくなるのは想像にかたくない。

に考え抜き，特定していく。言い換えれば，XとYとの関係がどういった意味で「正と負」という対称的なものとなるのか思考していくのである（☞ *BOX5-2*「正負思考法の応用」）。最後に「XとYとが競合する共通の問いは何か」を考える。つまりリサーチ・クエスチョンである。ここでも上で指摘した，第2章第6節を参考にする補助作業が欠かせない。

　上で触れた再確認テストをクリアーしたのち，第二段階に移る。つまり分析にとりかかる。論証・実証において，「自分の答え」が他の答えよりも良いことを証明する方策を考えるのだ。あるいは，どういう条件下ではリサーチ・クエスチョンに関する「自分の答え」のほうが優れているのかを示す作戦に知恵を絞るのである。それが完了したら，いま一度，リサーチ・トライアングル全体が整っているか確認しよう。三つの頂点の間における論理的関係，ならびに分析の説得性を確認し，矛盾やおかしなところがないか，チェックする。ここでも必要があれば，上で触れたような「より鋭く，より正確な」リサーチ・ト

ライアングルをめざして各要素を改訂していくこととなる。言い換えれば，「避けるべきは曖昧な，ちぐはぐで不完全なリサーチ・トライアングル」といえよう。

これでアナタの考えに関するリサーチ・トライアングルが完成した。アナタの考えが明確になった。以下の二点をはっきり述べることができるはずである。

• 明確な自分の立場や見解（「自分の答え」）。自分が持っている見解の核心を押さえるキーワードがあれば，なお望ましい。あるいはこれまで説明してきた作業を執り行う際，「自分にとってのキーワードは何か」と自問するとよい。

• 自分の立場・見解が他のそれより優れている理由（分析）。あるいは，自分の立場・見解はどういう条件下だと優れているのか（逆にいえば，それ以外の状況だと自分の立場・見解は優位ではない）。この場合，条件付きで自分の立場・見解を述べることとなる。

以上を述べることができれば，「そもそも，何が解決されるべき問題（解くべき謎）なのか」（リサーチ・クエスチョン）という問いにも答えることができ，自分の答えと相反する立場・見解も解説できよう。

ここで三点補足したい。第一に，自分の考えが明確になったからといって，それが不完全である可能性をアナタは謙虚に受け入れるべきだ。おごってはいけない。アナタが思いつかなかった立場や見解があるかもしれない。自分では満足した分析にも落ち度や見逃した点があるかもしれない。もし「なるほど」と納得のいく訂正点が後から出てくれば拒否すべきではない。建設的批判を受け入れる心構えが必要である。

第二に，初学者には「答えＸも答えＹも，極端なのはイヤ。どちらも選びたい」という傾向がある。一見もっともらしい立場だが，実はこれ，いずれかの答えを一つ選ぶよりも困難な立場なのだ。なぜか。「どちらも」という立場は，「答えＸだけ」ではなぜダメなのか，さらには「答えＹだけ」という立場もなぜダメなのか，この二つを同時に説明しなければならないから。つまり

第5章　自分の考えをまとめて口頭発表する　　107

二面で立場を防御しないといけない。これは大変である。「答えXか答えY
か，それは状況によりけり」という一見もっともらしい答えも，実は十分では
ない。「○○という条件下ならば答えXで，その条件がなければ答えY」とい
うように条件を示さなければいけないからだ。要するに，簡単な逃げ道はあり
そうでないのである。

　第三の点は，「自分の答え」（つまり自分の意見や見解）がそもそもないとい
う状況についてである。これまでの説明は，曖昧かもしれないが何かしら「自
分の考え」があるという前提を置いていた。それさえない場合はどうすればよ
いのだろうか。

　一歩下がって考えてみよう。「これについてどう思う？」と聞かれて「わか
らない」と返答するとき，なぜそう答えるのか。三つ可能性がある。①情報が
十分にない，②情報は十分にあるが，自分のなかでの判断基準がはっきりしな
い，③その両方。逆に言えば，情報と判断基準の両方があれば「わかる」ので
ある。つまり自分の意見を持つことができる。いずれかが欠けると「わからな
い」となる。

　たとえば「○○について賛成するか」と尋ねられたとする。その件について
判断材料（情報）と判断基準の二つを同時に持っていれば，アナタは賛成か反
対か決めることができるのだ。その際，「賛成か否か」がリサーチ・クエスチ
ョン，「賛成（ないしは反対）」が「自分の答え」，その逆が「対抗する答え」，
そして判断基準の適用が分析となる。

　この作戦，さまざまな場面で有効である。「どの○○を選ぼうか」と迷うと
き（たとえば旅行先，進学先，就職先，買い物など），「選択肢に関する情報は
十分なのか（なければ集める）」そして「選択肢を選ぶ基準は明確なのか（明
確でなければ，基準をしっかり定める必要がある）」と自問するとよい。とも
にイエスであれば決断することが可能となる。不可能であれば，可能となるま
で決断をせずに，これら二つの条件がともに成立するようまずは努力するのが
賢明であろう。

2 自分の考えを発表する

　リサーチ・トライアングルの形でまとめた自分の考えを他者に効果的に伝えたい。どうすればよいか。まず，大前提として，**発表とその後に続く質疑応答はペアになっている**ことを確認しておこう。たとえば，大学のゼミなどで発表する機会があるとする。その際，発表する準備だけでなく，その後に続く質疑応答にもあらかじめ用意しておくのである。

　この節ではまず発表についての作戦を説明し，そのあと質疑応答への効果的な対処法を説明する。

効果的な発表の四原則

　まず，発表する際に従うべき原則について説明しよう。

1）発表の際には聴衆と共通基盤を作れ

　まず，**基本はリサーチ・トライアングルを発表者と聴衆側との間にある「共通の基盤」とすること**。これが第一原則。共通基盤を通じて発表の内容を聞き手に理解してもらい，聞き手からの質問に答える。するとコミュニケーションがうまく成立する。リサーチ・トライアングルという共通の基盤があれば，聞き手にとっては発表がよく整理されて理解しやすい。また，発表者にすれば聞き手からの質問がどういうタイプのもので，どのように対応できるのかわかりやすい。「発表の内容，わかんない」あるいは「質問の内容，わかんない」ということがなくなる。万が一，わからなくなっても「リサーチ・トライアングルのどの部分がわからないのですか」と尋ねると相手側も説明しやすくなる。

　これがアナタがとるべき戦略，心構えである。もちろん，それなりの準備と練習は必要だ。スライドの使い方，発声の仕方などといったプレゼン技術は戦術レベルの話。つまり，戦略が大枠で，戦術はその枠のなかの技術論。戦術がいくら良くても戦略がおかしければ成功はおぼつかない。つまり，プレゼン技

術がいくらすばらしくても発表の内容が悪ければ救いようがないのだ。

2) 発表は大枠から入れ
　第二の原則は、「大枠から入り、それを説明し、それから細部に入る」というもの。つまり、初めから細かい話を始めていくと、五分もすれば話の方向がわからず聴衆側はイライラするだけ。全体像がわからないまま、「いったいどこにむかって話は進んでいるのか？」と思い、聴衆の集中力は当然落ちていく。ジグソーパズルで例えてみよう。まずは枠のピースをつないで完成させ、それから枠のなかにある各細部にのぞむ。これと同じく、まずは大枠を提示して、それから詳しい説明に入るのがよい。

3) 要約を最初と最後に置け
　第三の原則は、サンドイッチ作戦ともいうべきもので、要約を始めのほうに置き、そして最後に要約で締めくくるというもの。二つの要約に挟まれた形で、その他の内容が説明される。つまり、「私の結論はこれです。ではどういう過程でそういう結論にいたったのか説明します。はい、以上です。結論を繰り返しますとこういうことです」という形だ。聴衆は結論をまずは知りたいのだ。それがないと、話が進んでも「いったい、なんの話をしているの？　どこに向かっているの？」とストレスがたまるのである。そして、最後にもう一度結論（要約）を聞かないと、聴衆は「この話、何か不完全燃焼だよね」と感じてしまう。情報量が多い話の内容を追うあまり、最初に聞いた要約を聴衆は忘れてしまうからである。ということで、サンドイッチ作戦が有効なのだ。

4) 器具の長所・短所を使いこなせ
　第四の原則は、スライドやレジュメなど、発表のための器具を効果的に使うこと。つまり、それぞれの長所を引き出す形で使うことである。同時に短所を理解し、それを避けるべし。

　以下、これら四原則をもとに効果的な発表の技術を具体的に見ていこう。

レジュメとスライド

　レジュメ（一，二枚ほどのもので，参加者一人につき一部わたるように準備する）とスライドの両方を使うとよい。それぞれの長所を引き出す。いわば，役割分担がある。

【スライド】　表やグラフを示すのに便利。一方的な情報提供に強い。
　　長所　目にとびこむインパクト。　　　　　短所　聞き手の手元に残らない。
　　　　　　　　　　　　　　　　　　　　　　　　　印象のみ。すぐ忘れる。
　　　　　　　　　　　　　　　　　　　　　　　　　細かい字が見にくい。

【レジュメ】　文章（箇条書き）で示す。聞き手との共通基盤となる。

　　長所　全体像を長時間提供できる。　　　　短所　目で感じるインパクトが
　　　　　細かい情報を提供できる。　　　　　　　　弱い。
　　　　　聞き手がメモを直接とれるので
　　　　　　質疑応答の際に便利。

　以上の点を踏まえると，**レジュメをメインに使って，その補助としてスライドを使う**べきであろう。逆はダメ。また，スライドだけの発表も避けるべきである。「質問はありますか？」と尋ねても聞き手からは無反応となることが多い。なぜなら，スライドはテレビと同じで，一過性のもの。スライドの印刷が手元にあったとしても，主張と図・表の羅列で，細かい情報（とりわけ分析に関するもの）は掲載されにくい。となれば，準備の段階でスライドに時間をかけすぎるのも考えものであろう。発表の内容が薄くなるだけである。「見栄えよりも内容が大切」なのを忘れるべからず。

　基本的にはスライドに入れるのは（タイトルと発表者名のスライドは別にしても）レジュメには入れない情報である。つまり図表や写真といったようなもの。他方，レジュメには次の項で列挙する点と内容を文章で入れる。つまり，

第5章　自分の考えをまとめて口頭発表する　　　**111**

タイトルと発表者名は冒頭に入れ，引き続いて要約（一段落のみ），そしてリサーチ・クエスチョン，「自分の答え」（キーワードを強調するのもよい），「対抗する答え」，分析を入れていく。これらは別の表現でもよい。たとえばリサーチ・クエスチョンを「謎」や「課題」に，「自分の答え」を「私の主張」に，「対抗する答え」を「別の発想・立場」に，といったように。聴衆によって臨機応変に変えるべきであろう。実際の発表の際には，レジュメを使って進行するものの，ところどころで必要に応じてスライドを見せるということになる。

発表の手順

　例外はあるかもしれないが，発表の手順については以下が効果的である。便宜上，リサーチ・トライアングルをもとに説明することとしよう。以下，1, 2, 3で大枠を提示し，4, 5, 6, 7で詳しい説明，そして最後に「8 再び要約」で締める，という構造になっている。詳しい説明の箇所では「5 自分の答え」と「7 分析」がとりわけ重要である（必要であれば分析をする際に「対抗する答え」を織り込んで，「6 対抗する答え」の箇所を削除するとよい）。しかたなく時間を切り詰めるとするならば，「6 対抗する答え」さらには「背景情報（4 リサーチ・クエスチョンの説明）」を削る。「あとの質疑応答の際により詳しく話しますので」としてよい。そうして必ず「8 再び要約」で終わること。制限時間を使いきってしまい発表の途中で「8 再び要約」がないまま終わると，尻切れトンボで印象が悪くなるので絶対に避けたい。

1　発表タイトルを読む。リサーチ・クエスチョンを使うのがお勧め。すると聞き手は自動的に答えを期待する。この心理テクニックを使うとよい。別の作戦としては，「自分の答え」に基づいて（そしてそのキーワードを使って）タイトルを作成するというものがある。

2　「まずはレジュメを見てください」と言って，レジュメにある見出しのみを読む。つまりこの段階で発表の大枠と方向を聴衆側に伝える。ここまでがオープニング。

3 （ここからは内容に入り，レジュメに沿って発表していく。）要約，つまり
アナタの話をリサーチ・トライアングル方式に要約したものを説明。リサー
チ・クエスチョン（謎），「自分の答え」，分析の結果（そのなかで「対抗す
る答え」を組み入れることができる）をそれぞれかいつまんで話す。発表タ
イトルをリサーチ・クエスチョンの形にしておけば，要約を「自分の答えは
〇〇です」というように始めることができる。そうでない場合，リサーチ・
クエスチョンか「自分の答え」のいずれかから話を始めることとなろう。い
ずれにせよ，ここで時間をとりすぎないように注意。

4 リサーチ・クエスチョン（くわえて背景情報，そして必要であれば先行研
究やカギとなる概念の定義）を説明。ここでも時間をとりすぎないように。

5 「自分の答え」を説明。

6 「対抗する答え」を説明。

7 分析を説明（これが発表の要となるので，十分な時間配分が必要）。

8 再び要約で発表を閉じる。質疑応答に続く。

　できるだけ事前に練習することをお勧めする。時間どおりにすべて話すこと
ができるかどうか確認するのである。慣れないうちは往々にして情報を詰め込
みすぎて（あるいは早くしゃべりすぎて）聴衆側が追い付けないことが多い
（あるいは時間をとりすぎてしまう）。その場合，必要に応じて重要箇所は残し
つつ副次的と思われる内容を削るとよい。いわば贅肉をそぎ落とすように。あ
るいはレジュメに補足・資料ページを付け加えておき，副次的な内容はそこに
入れておくのも一案である。発表の際に「より詳しい情報はそちらにあるので
ご覧ください」とだけ言っておくとよい。**発表は「すっきり，くっきり」をモ
ットーに準備し，実行すべきである。**
　もし，リサーチ・トライアングルがなんたるかを理解している友人がいれば，

第5章　自分の考えをまとめて口頭発表する　　　113

発表する前にレジュメやスライドを見せるなどしてその友人からコメントをもらうとよい。そして必要なら改訂するのである。アナタの発表内容はよりよいものとなろう。

質疑応答への対応策

　発表に続く質疑応答でも，レジュメが基本的な共通基盤となる。レジュメがリサーチ・トライアングルに基づいて書かれているからだ。仮に批判的な質問を受けても，感情的にならずに知的に真摯な態度で返答すべきなのはいうまでもない（☞BOX5-3「批判やアドバイスは自己改善のための情報と思え」）。また，質問を受ける際，必ずメモをとること。そうでないと質問内容を理解しないまま返答してしまうかもしれない。質問ごとに返答するのではなく，数個の質問を受けてからまとめて答えるという方式が採用される際に，こういった失敗が起こりやすいのでとりわけ注意が必要である。

　質問には大きくいって二つのタイプがある。一つ目はレジュメの枠組みのなかの質問。たとえば「△△の箇所をもう一度説明してほしい」「☆☆の定義は曖昧ではないか」「分析の□□の箇所において○○がおかしいのではないか」「別のデータはなかったのか」といったようなもの。これは発表内容そのものに関するものなので，発表者に緊張をもたらすタイプのものといえよう。質問された箇所をレジュメで確認して（つまりリサーチ・トライアングルのどの部分にあたるのか確認して），誠意をもって返答・説明しよう。

　もう一つの質問はレジュメの枠組みの外の質問である。「なるほど△△に関するアナタの見解は理解しました。そこで，もしアナタの考えを仮に○○にあてはめてみたらどうなるでしょうか」といった，いわば応用型のもの。このタイプは発表内容そのものには疑問を呈していないので，いわば好意的なものといえよう。「頭の体操」として答えることができる。

　質問の趣旨がわかりにくければ「それはレジュメの○○の部分ですね，それで正しいでしょうか」（つまりリサーチ・トライアングルの□□の部分）と聞き返しても差し支えない。質問の趣旨がわからないまま答えると，かえってちぐはぐで混乱した質疑応答になってしまう。つまり共通基盤が消失してしまう。

114 パートⅡ　応用編　設計図を活用しよう

> **BOX5-3　批判やアドバイスは自己改善のための情報と思え**
>
> 　他の人から受ける批判やアドバイスはアナタにとって「自己改善のための情報」だと割り切ろう。なかには的外れな意見もあるかもしれない。しかしアナタ自身では気づかなかった不十分さを指摘してくれるのが批判やアドバイスである。それらを使わない手はない。また，相手側もアナタのためを思って意見を言ってくることが多い（もちろん例外はあるものの）。丁寧に御礼を言って意見を真摯に聞けば，つぎにまた別の「自己改善のための情報」や知らなかった「おいしい情報」（たとえば奨学金の募集など）を教えてくれるかもしれない。「あの人には教えてあげよう。いつも感謝されて気持ちいいし」となる。反対に，冷たい態度で対応すれば「なんだ，もう二度と君には何かを教えるようなことはしない。時間の無駄で気分が悪くなるだけだから」となり，将来の情報源を失うこととなる。ポジティブ対応はポジティブ対応を生み，ネガティブ対応はネガティブ対応を生むのだ。このように，批判やアドバイスを前向きに受けとめるとアナタは自己改善を通じて知的に成長することができ，さらには良質の情報が集まるようになる。もちろん，人間関係も好転しよう。

　ときには質問者はしゃべりながら質問を考えていることがあるが，その場合こういった「質問の内容があやふや」な状況が生じやすい。その場合「ご質問ありがとうございました。いま，おっしゃったことを私なりに解釈いたしますと○○に関するご質問だと判断いたします。（それでよろしいでしょうか。）私のお答えですが次のとおりです」とすればよい。いわば共通基盤を質問者と確認したうえで答えるのだ。

3　ま と め

　本章の趣旨は，以下のとおりである。

- 自分で考えをまとめる設計図として，そして発表・質疑応答における聴衆者との共通基盤として，リサーチ・トライアングルを使用すべし。これが基本

第 5 章　自分の考えをまとめて口頭発表する　　　115

戦略でそのほかのことは技術論にすぎない。

　要は曖昧な状況を目の前にして自ら枠組みをそこに「押し当てる」ことといえよう。そうすれば，いままでぼやけていた状況において焦点があってくるようになり，要点がはっきりしてくる。考えをまとめるときには自分自身の思考のなかでそういった枠組みを採用する。また，発表の際には自ら聴衆との間においてそういった枠組みを設定する。そして社会科学関連のテーマに関していえば，リサーチ・トライアングルこそがその枠組みなのである。

　そういった枠組みがなければ，自分で考えをまとめようと思ってもなかなかうまくいかない。「頭のなかで堂々巡り」「考えがまとまらない」といった状況に陥りやすい。また，枠組みなしで発表したら，聴衆側にとっては「結局，内容についてはピンぼけの理解のまま」といったもので終わってしまうであろう。発表者への質問も印象論的か表面的なもので，発表内容の核心部に迫るようなものではないことが多い。質疑応答が終了した後でも不完全燃焼ともいうべき感覚が聴衆者の間に残る。

　自分の頭のなかでも，聴衆との間においても，リサーチ・トライアングルを使って「すっきり，くっきり」という形でアナタは論点をまとめるべきである。その際，可視化することを勧めたい。自分の論点をまとめるにはペンをとって実際にリサーチ・トライアングルの図や文献シートに書き出していく。発表の前には（頭のなかでいろいろ考えるよりも）レジュメを実際に書き出してみる。こういった「書く」「見る」作業をすることにより脳が刺激される。その結果，それまでは頭のなかで曖昧であったことや思いもしなかったことが明確になってくるのである。

　以上，自分の意見表明に関するスキルを論じてきた。では，他者の意見を理解し，さらには建設的なコメントをするにはどうしたらよいのか。また，複数の参加者が意見表明する討論の場を運営していくにはどうしたらよいのか。次章ではこれらの点を説明していこう。

第6章

建設的コメントをし，討論を運営する

この章の構成

1 他者の発表に建設的なコメントをする

2 討論を運営する

3 ま と め

この章の目的

　他者の発表を的確に理解し，建設的なコメントを加えたい。さらには多数の人が意見を交える討論を仕切りたい。このような場面にどう対処すればよいのか本章は解説していく。リサーチ・トライアングルを他者と共有するという作戦がここでも成功のカギを握る。くわえて，これまで解説してきた文献シートや文献全体の把握術といった方法を応用するやり方も説明していく。

1 他者の発表に建設的なコメントをする

「この人，何を言っているのだろう？」と思ったことはないだろうか。他者による発表の内容がわからない状況である。あるいは情報量があまりにも多いとき，頭が混乱してしまう状況。そういうとき，**リサーチ・トライアングルをチェックリストとして使う**とよい。足りない点や曖昧な点が判明してくる。さらには，リサーチ・トライアングルと直接的に関係がない情報も明らかになる。いうなれば，話の骨子が明確になるのだ。具体的には第4章第2節で説明した文献シートを使うとよい。

　文献アイテムをコード化していくのと同じように，他者の発表内容をコード化していく。まず，リサーチ・トライアングルの三頂点，つまりリサーチ・クエスチョン，正解，対抗する答えのすべてがあるのかチェックする。そのうえで，論理一貫性の有無と分析の質をそれぞれチェックしていく。

　要素が欠けていたり，曖昧な点，さらには矛盾しているように思える点があれば，シートのコメント欄に記入すればよい。質疑応答の際に，こういった点について発表者に尋ねるか，あるいはアナタ自身が修正案を出すとよい。たとえば以下のようなものが挙げられる（一般的な形で記してあるので場面に応じて具体的なものにしてほしい）。

- 発表の内容においてカギとなる概念はXだが，より精密に定義していく余地があるのでは？
- 提出された根拠（論証・実証）に曖昧さやバイアスなどの問題はないか。
- 発表者の意見に反対する意見とはいったいどういったものなのか。
- これら二つの対抗する意見がともに解決しようとする問題（つまりリサーチ・クエスチョン）は何か。

　こういったコメントをする際，発表者を追い詰めるのが目的ではなく，**発表者とともに問題を解決していくという態度，つまり真摯で同情的な態度が欠か**

第6章　建設的コメントをし，討論を運営する　　**119**

せないのは言うまでもなかろう。当然，「批判のための批判」「答えようのない批判・コメント」「意味不明のコメント」「言いっぱなしの批判」「発表内容に関係ないコメント」などはいただけない。

　別の言い方をすれば，**アナタ自らが発表者とリサーチ・トライアングルという共通基盤を築く心もちでコメントする**のである。発表者の議論をリサーチ・トライアングルの枠組みを通じて理解し，さらには発表内容がより充実するようにその枠組みを通して協力する姿勢ともいえよう。発表者はリサーチ・トライアングルとは何か知らないかもしれない。その場合，一からリサーチ・トライアングルについて説明する必要はない。しかし，発表者がリサーチ・トライアングルを築こうとしていると想定したうえで，協力していくというわけだ。他方，もし，その発表者とアナタがともに本書を読んでおり，ともにリサーチ・トライアングルがなんたるか理解していれば，二人の間の質疑応答はより密度の高いものとなるのはいうまでもない。

2　討論を運営する

　「皆，好きなように意見を述べている。だけど，何が共通の課題なのかわからなくなった」という状況は頻繁に起こる。そういった事態を回避する，あるいは共通課題を見つけるためには「共通基盤としてのリサーチ・トライアングル」がここでも役に立つ。

　討論の運営法を説明するまえに，討論（会議）の準備段階ならびに討論ルールに関する注意点から解説しよう。いうなればお膳立ての話である。

討論の目的を定める

　討論が混乱したり長引いたりする理由は複数あるが，そもそも議題が明らかになっていないことがその一因となりうる。議題や目的をあらかじめ明確にしておくことが解決策となる。また，複数の議題，それも種類の異なる議題を一挙に詰め込めば討論が混乱する（時間もなくなる）ので，議題をあらかじめ無

理のない形で絞りこんでおくことが望ましい。こういったお膳立てをせずに会議を開催すれば混乱状態となりやすい。たとえば，議決事項が議題にある会議では以下の点に注意したほうがよい。

• 集団で決定を下すのが目的で情報伝達が目的ではないことをあらかじめ参加者に通知する。

• 議決すべき点について，具体的内容・背景・主な選択肢もあらかじめ参加者に知らしめておく。資料もあらかじめ配布しておく。つまり，決定をするために必要な情報や題材はあらかじめ配布しておき，参加者は準備して会議にのぞむようにする。会議本番では質疑応答や意見交換の後に議決となる。

• 議決内容（たとえば票数）と主な発言を記した議事録をつける。もし将来に「あのときには〇〇であった」「いや違う」というような紛争が生じれば議事録を見て解決できる。

　議決すべき事項がないのならば，たとえばブレインストーミング（自由な発想・発言を通じてアイデアを集団で出し合うこと）などの目的をあらかじめ明確にしたうえで会議の招集をかけることとなろう。
　大学のゼミならば議決すべき事項がないので上記のような取り決めは必要ないだろうが，それなりの準備がやはり望ましい。発表・質疑応答を想定してみよう。その場合，発表者はあらかじめレジュメ・スライドを（もし必要であれば機材も）準備するのはいうまでもないが，必要に応じて参加者にあらかじめ資料に目を通すよう伝達しておく。避けたいのは当日レジュメの枚数が不足して参加者全員に行きわたらない，プロジェクターが動かないといったようなもの。こういったお膳立ての失敗は避けないといけない。いくら発表の内容が良いものであってもだ。

討論のルールについて

　討論は知的で活発なのが理想である。参加者の態度は真摯で冷静，そして合理性に貫かれていなければならない。そのためには以下，三つのルールを参加者は守る必要がある。

1）意見と人格は分けて考えること

　意見と人格とを混同してはいけない。自分が持っている意見を否定されても，アナタ個人の人格を攻撃されたと勘違いしてはいけないのである。同様に，他者の意見に異を唱えても，それは他者の人格を攻撃したことにはならないし，ならないようにしないといけない。このルールは重要である。冷静な議論の場においては，**意見と発表者の人格とは分けて考えられるべきなのだ。**

　このルールが守られなければ感情的になって「あいつが主張することは絶対受け付けない！」といったようなことになってしまう。その人が言おうとほかの人が言おうと意見そのものに議論の焦点が定められなければならない。極端かもしれないが，必要に応じて「あなたの人格を否定するのではありません。おっしゃっている意見そのものに反論があります」などとあらかじめ断りを入れるのも一案かもしれない。

　当然，セクハラや個人攻撃といったような社会常識的に受け入れることができない言動は許されない。正々堂々とした態度に満ち，知的に生産的で充実した討論の場においては，感情的言動や非常識な言動が入る余地はないのだ。いうなれば民度が高い行動が望ましい。めざすべきは，終了後，知的満足と心地よさが残る，いわばお互いの健闘を称え合えるような討論である。

　ちなみによく知られている議論のテクニックとして「あなたの意見に反論します」「あなたは間違っています」というような直接的な反論から始めない，というものがある。かわりに「なるほど，あなたの意見はもっともだと思います。私はこのように思います……」という形で始めて，「……」のあとに反論を述べるのだ。冒頭から「ノー」で始めれば角が立つのは想像にかたくないだろう。

2）禁じ手を使わないこと

　相手を煙に巻く目的で以下の三つの手段が使われることがあるが，これらは非生産的であり，議論の場においては避けられるべきものだ。しかし，あらかじめ知っておけば，これらを実際に他人が使うとき「ああ，禁じ手を使って逃げようとしている」と判断できるし，修正の手を打つことも可能となる。

　【マクナマラ作戦】　投げかけられた質問に答えず，そしてその質問に関係なく，自分が言いたいことをいう作戦のこと。アメリカのケネディー政権で国防長官を務めたロバート・マクナマラが記者会見でよく使った手で，彼自身，自伝で認めている。いつの時代でも政治家のインタビューをみれば，この作戦がしばしば使われていることがわかるであろう。この作戦をリサーチ・トライアングルの視点から解説すれば次のようになる。いま，リサーチ・クエスチョンを記者が投げかけるとする。その際に記者は一定の答えを想定していることが多い。とりわけ「イエスかノー」方式の質問が政治家に投げかけられることがよく目につく。マクナマラはそういった想定そのものを無視して，自分勝手な「答え」を述べたのである。想定されているリサーチ・トライアングルそのものを破壊したともいえようか。そうすることによって，記者の舌鋒をかわしたのだ。

　【竹下作戦】　投げかけられた質問に関係なく，とうとうと自説を水が流れるがごとく述べていくものの，内容そのものは相手に尻尾をつかまれないようにするという作戦。竹下登元首相の国会答弁が「言語明瞭・意味不明」と揶揄されたことから名づけた作戦。

　【資格こきおろし作戦】　相手からの批判をかわす際に使われる。批判の内容には絶対に応じず，批判を投げかける相手に対して「非道徳的なアナタは私を批判する資格がない！」とののしって，議論をすり抜ける作戦である。これは，前述した「意見と人格を混同する」ことをわざと行う作戦。非民主主義国家における人権問題を欧米諸国が批判する際，「以前に植民地主義という非道徳的な外交を実行した欧米が，いまのわれわれに自分たちの価値を押し付けるよう

な資格などない」と反駁するのが好例であろう。「自分がした悪行を棚にあげて、説教垂れるな！」と言い換えてもよい。リサーチ・トライアングルの文脈でいれば、この作戦は次のようになる。答えX（例：人権問題が存在するのでそれを解決すべき）を出せば、対抗する答えY（人権問題など存在しない）と反論が生じ、それでは分析でもってどちらの答えがより説得的であるか見極めようというのがリサーチ・トライアングルの趣旨である。ところが資格こきおろし作戦は、その設定自体を放棄して、論者の資格に焦点をすり替えるのだ。

3）割り当てられた時間を守ること

あたりまえのように思われるかもしれないが、発表や発言に割り当てられた時間を超えるのは慎むこと。このルールを守らないで話を続ける輩がいるので困ったものである。超過すれば他者の発言の機会がその分だけ減り、不平等感が増す。司会者は発表者の時間を測り、制限時間以内に発言を終わらせるようにしなければならない。また必要であれば、それまで発言していなかった者に発言するよう促すなど、できるだけ発言の機会が参加者の間で均等になるよう司会者は配慮すべきであろう。

以上がお膳立ての話である。ではつぎに、本題である討論の運営方法について話を進めよう。

討論を仕切っていく

成果が上がる討論の運営法の要諦は、参加者の間に「共通の基盤」を作り、それを維持することにある。そのためにリサーチ・トライアングルを設計図として使うとよい。便宜上、アナタが討論を仕切る役についたとして話を進めよう。

まず一般的な形を説明し、その後、大学のゼミの場合を説明する。

1）一般的な形

討論の途中で議論の方向や焦点がわからなくなったら以下の質問に答えると

よい。リーダーであるアナタが参加者に投げかけるか，自分で考えるか，どれでもよかろう。必要であれば板書して皆が理解できるようにすべきである。これまでの章で解説してきたスキルを使うこととなるので，その箇所は【 】で記した。ここでも便宜上，リサーチ・トライアングルの用語を使っているが，そのときどきの状況により，別の表現に置き換えてもよい。

• われわれが直面しているリサーチ・クエスチョンは何なのか。つまり議論のテーマを質問の形にしてみるとどうなるのか。その内容は明確なのか。四タイプのうち，どれになるのか。あるいは，複数のリサーチ・クエスチョンが討論者の前にあるのか。それらの間において優先順位はどんなものか（最も重要なものは何か）。【第4章第3節における文献の全体像についての箇所が該当する。文献全体を把握するように，参加者全員の考えを理解するのである】

• リサーチ・クエスチョン一つひとつに関して，どのような具体的な答えがいま，われわれの前にあるのか。答えは複数あるのか。その間に論争があるのか。あるいはなんらかの正解をわれわれは共有しているのか。であれば，対抗する答えは何か。おのおのの答えの内容は明確か。リサーチ・クエスチョンと複数の答えとの間には論理一貫性は成立しているのか（していなければ，成立するまでこれらの要素を改訂していく必要がある）。また，リサーチ・クエスチョンと背景情報はきちんと分かれているか。【第2章第1節のリサーチ・トライアングルについての箇所が該当する】

• それらの答えを相互比較して優劣を決めるには，どのような分析をすればよいのか。論証と実証があるが，どのような議論が目の前にあるのか。つまり各「答え」の根拠は何か。一つのリサーチ・クエスチョンに関して，正解があるとわれわれが認めているのならば，その根拠は何か。それは対抗する答えの根拠と比べて，どういう分析でもって，より強い説得力を持っていると判断しているのか。【第2章第5節での分析の箇所が該当する】

第6章　建設的コメントをし，討論を運営する　　125

- つまるところ，（未）完成のリサーチ・トライアングルはいくつあって，それぞれどの程度（未）完成なのか。

　一つ気をつけるべき点がある。討論が続けば発言のなかには，いかなるリサーチ・トライアングルにも含むことができないものが出てくる可能性だ。言い換えれば，これまでなされた発言のすべてを何がなんでもリサーチ・トライアングルに結びつけなくてもよい。明らかにリサーチ・トライアングルに関係ある発言・情報にまずは注目するべきである。「言いっぱなしの発言」「とりとめもない発言」「関連がない意見の表明」などが出てきたら「いまのコメントは，現在進行中のテーマとどのように関係があるのか説明していただけませんか」「大変興味深い点だと思うのですが，いま，集中しているテーマと少し焦点が異なるようなので，いまのテーマの話が終了した段階で，再び繰り返していただけませんか。その時に別のテーマとして取り上げましょう」といったように誘導していくとよい。そのうえでリサーチ・トライアングルの枠組みに焦点を絞り続けるようにして討論を進めていくのである。

　別の言い方をしよう。**アナタの役割は「討論の交通整理」をすることだ**。この作業はなかなか大変である。つぎつぎに出てくる意見やコメントに耳を澄ませ，趣旨を理解し，必要であれば発言者に「もう少し詳しく説明していただけませんか」や「なるほど，私の理解ではおっしゃっている点は○○となりますが，それで正しいでしょうか」などと要求したり確認しなければならないのだから。議論が続くと，それらの間の連関がわかりにくくなる。話が脇道にそれたり，拡散したり（つまり焦点がぼやけてきたり）するのだ。その時々で司会者たるアナタは介入し，上でリストアップしたようなリサーチ・トライアングルに関連した質問を投げかけるなどして，話をまとめていくのである。

　討論は次のいずれかの形で終了するであろう。

- 課題（リサーチ・クエスチョン）が参加者の間で共有され，かつ，正解への合意にもいたった。つまり，リサーチ・トライアングルが完成した状態。

- 課題は参加者の間で共有されたものの，正解への合意にはいたらなかった。

つまり，リサーチ・クエスチョンについて正解が定まってない論争状態。

- そもそも何が共通の課題なのか（あるいは何が最も重要な課題なのか）という点について，参加者の間に合意が生まれなかった。つまり，リサーチ・クエスチョンそのものに合意がない状態。

2）大学のゼミの場合

　ここでは研究発表者がいる場合といない場合の二通りが考えられる。研究発表者がいない場合には上述した一般的な形かその変形型が該当しよう。たとえば文献アイテムを読んでくる宿題がゼミ生全員に与えられた場合。アナタは文献シートを作成して準備するであろう（ゼミ生全員が準備してくれば，議論はより生産的なものになる）。ゼミ討論は①各人が把握した文献アイテムの内容はどう理解するのが正しいのかというものと，②この文献アイテムをどう評価すべきか，という二点について生じる。前者についてはテストと同じで正解のみがあり，その意味では議論の余地がない。他方，後者については第2章第6節で解説した評価研究の方法に基づいて参加者が「この文献アイテムは良い（優れている）か否か」といったような問いについて意見を戦わせることとなる。この場合には「テストでいうような正解」はない。なんらかの答え（たとえば，五段階でいえば上から二番目）に参加者は合意するかもしれないし（あるいは多数決でそう決まるかもしれないし），いかなる合意にもいたらないかもしれない。また「良い」に合意したとしても，根拠はバラバラかもしれない。文献アイテムの評価についてはコンセンサスを求めなくてよかろう。それよりも正確な読解力と分析力が発揮され，さらには真摯な知的会話が成立するほうが大切なのである。

　他方，研究発表者がいる場合であるが，そこではアナタ以外のゼミ生が第5章で説明したような発表をする。アナタは聴衆者として参加する一方で，司会者として質疑応答をさばくこととなると想定しよう。ここでも上の「1）一般的な形」で説明したような作戦でもって，焦点が合わさった形で質疑応答が進むようにするとよい。ここでのアナタの役割は**「質問者と発表者との間に『共通基盤』（リサーチ・トライアングル）に基づいた，それも充実した知的会話**

第6章 建設的コメントをし，討論を運営する　　　**127**

BOX6-1　司会者としての教授

　ゼミやその他のセミナー方式の場においても教授は忙しい。学生の発表内容を把握しコメントすることはもとより，質疑応答やディスカッションの場においても司会を務めることとなるからだ。とりわけ後者の役割は集中力が必要となる。学生や参加者が発言する際，ポイントがわかりにくかったり，グループ内で進行中の議題から逸れている内容のものが出てくる。そういう発言にも逐一耳を傾け，要点を押さえ，必要であれば「翻訳」や注釈して他の学生が理解できるように説明する。まさに同時通訳さながらである。そのうえ時間管理や言葉数が少ない学生への気配りなどもしながら，議論が拡散しないようにディスカッションを運営していくのだ。筆者の場合，あらかじめ「リサーチ・トライアングルが共通基盤」だと口を酸っぱくして学生に説いているのでリサーチ・トライアングルに言及しながらディスカッションを運営するようにしてはいる。しかし，それでも上で触れたような集中作業が欠かせないのが実状である。学生主体のディスカッションでは教授は負担なしと思うなかれ。陰で努力しているのだ。

が成立するよう助力すること」にある。言い換えれば，質問者と発表者とが「しゃべっているけれどもお互いに焦点が合っていない」という非生産的な状況が生まれないようにすることだ。「両者の見解が一致しなくても，互いに言っていることの意義は理解できる」という状況は生産的である。たとえば同じリサーチ・クエスチョンに関して互いに異なる正解を主張しているという状態がそれにあたる。しかし，両者が別々のリサーチ・クエスチョンに固執していわば「異なる土俵に乗っている」というような状況においては，いくら両者が議論しても時間の無駄であろう。生産的な状況が質問者と発表者の間に成立するよう，司会者は尽力すべきなのだ（☞BOX6-1「司会者としての教授」）。

3　ま と め

　本章の趣旨は，以下のとおりである。

BOX6-2　見えない構造を見通す力

　見えない構造を見通す力は，他の場面でも有用である。二つ例を挙げよう。

【選抜プロセス】　まず，就職面接や大学院への願書提出という場面。こういった「多数の応募者から審査官が何人かを選抜する」という状況では，審査官は「ほしい人材像」を想定している。それを見通すことによりアナタが選ばれる可能性を高めることができるのだ。つまり，そういった人材像が「暗黙の共通基盤」としてアナタの目の前にある。その基盤を審査官と共有し，**審査官が望んでいる情報を提供するのがアナタの基本的戦略**となる。であれば，審査官が想定している「ほしい人材像」に関する情報をあらかじめ収集しておくことが肝要であろう。

　筆者が住んでいるカナダの場合，審査官が就職面接の際に「では自己紹介してください」と言ったとしても，その真意は「わが組織においてアナタが貢献できるものは何か」ということにある。それが審査官が想定している「暗黙の共通基盤」なのだ。当然，その組織のことをあらかじめ調べておいたうえで自分の得意分野を過去の例を示しながら説明し，答えを提出するのがアナタの「自己紹介」の内容となる。質問を真に受けて「私の大学での専攻分野は○○でして……」などと答えてはならない。審査官が知りたいことにズバリ答えていくのが正解。

　他方，北米の大学院。入試は願書のみで，学部（たとえば経済学部）の委員会が審査する。学生が提出する書類の一つに「入学希望の理由（statement of purpose や statement of intent と呼ばれる）」がある。これを読むときに委員会が知りたいのは「**なぜ，他の大学ではなくて，われわれの大学・学部なのか**」「**なぜ，われわれは他の応募者ではなくて，アナタを選ばなければならないのか**」の二点である。これらが「暗黙の共通基盤」で，応募要項には書かれていない。となれば「専門分野のトップである○○教授のもとで指導を受けたいので，貴学部を志望します（暗黙的に『だから他の大学・学部ではない』の意）」「そのための分析手法は著名な☆☆大学での夏季集中講座を修了しました（暗黙的に『他の学生よりも分析手法を

- 他者の発表を理解し建設的フィードバックを提供する際に使用するチェックリストとして，あるいは司会者として討論の場における意見の相違を整理するチェックリストとして，リサーチ・トライアングルをまずは使用すべし。

- そのうえで，アナタ自らが進んで発表者との間に「共通の基盤」を設けるこ

うまく使いこなすことができる』の意）」といったように書類に書いておくのが正解。「私が修了した科目は△△で……」というようにアナタの歴史を記しても「暗黙の共通基盤」に乗ることにならないので，委員会の目にはとまらない。

別の国や地域，さらには別の状況においては「暗黙の共通基盤」の具体的内容は異なるかもしれない。しかし，「審査官が想定している基盤を共有し，審査官が求めている情報を提供する」という基本的戦略は普遍的である。

【次のステップ】 いま，アナタは大学生であれば，学業やその他の活動に忙しいであろう。この段階で，卒業後の進路，つまり「次のステップ」のことなど考える時間もなければ気力も湧かないかもしれない。しかし，可能性のある進路についての情報を集め始めるべきである。というのも，ぎりぎりまで待てば「次のステップ」に進むのに必要な条件（これが見えない構造にあたる！）を満たすことができず前に進めない状況に陥るかもしれないからだ。たとえば何か資格が必要であれば，それを「次のステップ」が始まる前に獲得しなければならない。締め切りが過ぎてからでは遅い。もちろん「いまのステップ」を満足に終えなければ「次のステップ」はないかもしれない。卒業しなければ「卒業後の進路」もありえない。しかし目先のことに追われるだけではなくて「次のステップ」にも目配りが同時に必要なのだ。

筆者のもとに相談にくる学生にも口を酸っぱくして，このことを伝えている。たとえば大学卒業後，就職したければ学部時代に（企業や政府機関での）インターンシップをするよう強く勧めている。インターンシップをすれば卒業がその分遅れるかもしれないが，卒業直後の就職成功率が抜群に上がるので「良い投資」なのだ。日本と違って就職シーズンや全国共通の入社シーズンがない北米では，就職活動は100パーセント学生まかせ。卒業直後に就職先があるとは全く限らない。「次のステップ」も自己責任である。

とができればより実り多い知的交流が二人の間に生まれるだろうし，討論の司会役を務める際にアナタが討論者同士の間に「共通の基盤」を打ち立てることができればここでも実り多い会話が期待できる。そしてリサーチ・トライアングルこそが，この「共通の基盤」にふさわしい。

つまるところ，アナタが他者と知的にかかわる際，リサーチ・トライアングルが他者との関係を律する，あるいは秩序立てる手段として有用なのだ。これが押さえるべき基本戦略である。

こういった「共通の基盤」は目に見えない。それは「目に見えない構造」ともいうべきものである。実は大学生にとって，そういった構造はほかにもある。それを探知し，対処していくためには一種の想像力あるいは非認知能力が欠かせない（☞*BOX6-2*「見えない構造を見通す力」）。本章で取り上げた状況を訓練の場として捉え，そういった能力をぜひ磨いていってほしい。

第 7 章

論文を書く

この章の構成

1 三種類の論文

2 小論文の書き方

3 ゼミ論文の書き方——論争参加型のススメ

4 卒業論文の書き方

5 論文作成をプロジェクトとして捉えよう

6 まとめ

この章の目的

　第4章で説明したように，プロの研究者が書いた社会科学系の文献アイテムは独自の内部構造を持っている。学生が書く論文はそういった文献アイテムの簡易版である。簡易版とはいえ，できるだけ同じ内部構造を持たなければならない。内部構造の核となるのはもちろんリサーチ・トライアングル。この方針のもと，本章では初学者むけに小論文，ゼミ論文，卒業論文の書き方を解説する。そこでは，おのおののタイプの論文をいかにして攻略していけばよいのかという戦略的な点，つまり大枠の話のみに焦点を絞る。したがって文章の具体例や論文の文字数，さらには引用の方法といったような技術的な点は取り上げない。また，拙著『社会科学系のための「優秀論文」作成術』にも言及するのでぜひ参照してほしい。以下，小論文，ゼミ論文，卒業論文についてそれぞれ論じたのち，プロジェクト運営の視点からこれらの論文を作成していく際の注意点を述べていく。

1 三種類の論文

　研究のプロが執筆した論文は教材であって，自分が執筆する論文とは異なる種類のものという前提を学生は持ちがちである。その姿勢は「教科書は絶対で，その要点をまとめたレポートを学生が書く」といったものと似通っている。まずはこの前提を払拭してほしい。プロ野球も少年野球もレベルが違えども，ともに野球であるがごとく，プロが書く論文も学生が書く論文も同じ学術論文なのだ。

　とはいうものの，プロの論文と初学者の論文との差は歴然とある。それ以前に，大学院修士レベルでの論文にさえ初学者は太刀打ちできないであろう。そこで，初学者にとって現実的なタイプの論文にいかにして取り組んでいけばよいのかという点に話の焦点を絞ろう。この視点から本章が対象とする論文は，次の三つのタイプである。

- 小論文：大学入試で課されるタイプのもの。とあるテーマについて意見や主張を展開するというタイプの短い論文。新聞などにみられるコラムないしは署名入り論評記事が好例。

- ゼミ論文：大学三年生・四年生が参加するゼミにおいて執筆する論文（たとえば三年生ゼミ論文）。一学期かけて執筆するもの。北米の大学でのターム・ペーパー（term paper）に相当する。ゼミ制度は北米にはないので，履修している各科目においてターム・ペーパーを学生は執筆する。たとえば一学期に四科目履修している四年生は，四本のターム・ペーパーを書くこととなる。

- 卒業論文：大学四年生がじっくりと二学期かけて執筆するもの。北米の大学でいうところの honors thesis や senior thesis にあたる。本格的な体裁をとる論文で，優秀なものは学生論文集に掲載される。

第7章　論文を書く　　133

　専門課程以前の段階にいる初学者の学生にとっては小論文にはなじみがある
かもしれない。**対して，ゼミ論文と卒業論文は近い将来に初学者が取り掛かる
であろうタイプの論文である。**その下準備のために本章を読んでほしい。そし
て，これら二つのタイプの論文については，拙著『社会科学系のための「優秀
論文」作成術』をぜひ参照してほしいと思う（ゼミ論文については解説してい
ないものの）。いかなるタイプの学術論文を執筆しようとも，その際に理解し
ておくべき基本的な点，ならびに学術論文の構成について詳しく説明してある
からである。その内容と本章の内容が少々重複するところが出てくるかもしれ
ないが，ご容赦願いたい。

　便宜上，ゼミ論文と卒業論文を上のような形で区分したが，四年生ゼミ論文
と卒業論文とが同じという大学もあろう。あるいは第4章第4節で触れた書評
論文でよいという学部もあるかもしれない。さらには，専攻分野によっては
「○○（たとえば実地調査）は必須」といった条件が加えられていることも考
えられる。**アナタが所属する学部のルールを確認するのと同時に，過去の学生
論文を何本か実際にひも解いて「土地勘」を養うことを大いに勧める。**いずれ
にせよ，上で定義した小論文・ゼミ論文・卒業論文はそれぞれ基本型と理解し
てほしい。つまり各種の応用型や変型もあるということだ（☞BOX7-1「その
他の論文タイプ」）。

　この時点で，「あれ，レポートは説明しないの？」とアナタは思うかもしれ
ない。レポートは実際には本章で述べるような小論文に近いものもあれば，ゼ
ミ論文に近いものもある。したがって，レポートという独立したカテゴリーは
設けないこととした。事情によって小論文あるいはゼミ論文に関する説明に従
ってレポートを作成してほしい。

　小論文，ゼミ論文，卒業論文という三種類の論文がそれぞれ持っている具体
的特徴は何か。皆リサーチ・トライアングルによって構成されているものの，
「分析の質」「文献レビューの有無」「独自のデータの有無」そして「攻略法」
の四点において異なっている。次の表7-1にまとめた。

　小論文がいわば最軽級のもので，文献レビュー（第4章第4節で取り扱った
もの）が組み込まれていないほか，その筆者が独自に収集したデータ（たとえ
ば特定の事例に関するもの）を使うこともない。いうなれば頭のなかだけでリ

BOX7-1　その他の論文タイプ

　リサーチ・トライアングルに基づくゼミ論文・卒業論文を標準型として本章は説明している。実証主義に基づき一般化・理論化をめざす社会科学系の論文，つまり定性的分析手法や定量的分析手法を採用する論文にとっての標準型である。では，それ以外のタイプの論文（つまり本書でいうところの「四種類の謎」以外の謎を解こうとしたり，リサーチ・トライアングルを設計図として使用しない論文）にはどんなものがあるのかアナタは疑問に思うかもしれない。例としてここでは三つの社会科学系タイプを挙げておこう（これら以外のものもありうる）。また，歴史学や地域研究といった非社会科学系分野の論文はここでは省く。また「古い仮説，新しいデータ」のような技術的なタイプの論文は本章の「4　卒業論文の書き方」の箇所にて論じるので，ここでは取り扱わない。

【「厚い記述」論文】　社会的現象に関するデータを体系的かつ緻密に記述する（これを「厚い記述」という，英語の thick description の訳）というタイプの論文である。後述の「おさらい論文」の一種であるが緻密なもの。記述されているデータの量と質によって評価が決まる。たとえば，従来ほぼ知られていなかった（つまり先行研究がない）事象やデータ・資料を報告する論文。あるいは反実証主義の立場を採用している批判理論系の論文で，そこではエスノグラフィーが分析手法として採用されているもの。既存の文献に関する「おさらい論文」は書評論文に転換することができることに注意（書評論文については第4章第4節を参照）。

【政策提言論文】　文字通り，政策の提言を目的とする論文。提言されている政策の質（体系性や貢献度，倫理・環境・人権問題への配慮等々）や実施可能性が評価の中心となる。政策系の分野で求められることが多い。リサーチ・トライアングルの枠組みから見れば，リサーチ・クエスチョン，「対抗する答え」，分析の三つがなく，「正解」のみを「言いっぱなし」という体裁となる。ここでいう政策提言論文は，文献にある政策論争に参加するというものではないことに注意（参加するのであればリサーチ・トライアングルの設計図を使用することとなる）。

【技術重視論文】　データ収集ならびに分析技能に主眼を置いた論文。質的データ（たとえば史料）あるいは数量的データ（たとえば世論調査）の収集・取り扱い・解析を満足にできているかどうかが評価の基準となる。リサーチ・トライアングルの分析に特化したタイプの論文とも言い換えることができよう。

第 7 章　論文を書く　　135

表 7-1　三種類の論文の比較

	リサーチ・ト ライアングル	分析の質	文献レビュー（およ び文献目録・引用）	独自のデータ	攻略法
小論文	有	薄い	無	無	第 5 章第 1 節で述べ た方法に準じる
ゼミ論文	有	厚い	有	無	論争参加型
卒業論文	有	厚い	有	有	論争参加型 or「古い 仮説・新データ」型

サーチ・トライアングルを組み立てて執筆するタイプの論文である。文献レビュ
ーを伴わないので，分析には厚みがなく薄いものとなる。当然，文献目録も
つかない。くわえて，小論文での分析では，専門課程でマスターするような本
格的な分析手法は使用されない。たとえを使うならば，DNA 鑑定がそういっ
た本格的な分析手法にあたり，小論文で求められているのは「刑事による推
理」に相当する。

　ゼミ論文は，リサーチ・トライアングルを内包しているほか，文献レビュー
を含んでいる。当然，引用も駆使されているし，引用元のリストである文献目
録もつく。欠けているのは独自に集めたデータ，つまり収集した文献には掲載
されていないデータである。収集した文献アイテムの主張・根拠ならびにデー
タを踏まえたうえで，ゼミ論文はリサーチ・トライアングルを成立させている。

　ゼミ論文における分析であるが，（小論文のそれと比べれば）二つの意味で
厚みがあることは，これまで示唆してきたとおりである。まず，文献レビュー
に基づいていること。つぎに，上でいうような本格的な分析手法に関する知識
が動員されることである。それぞれの専門分野において分析手法が確立されて
いる。専攻科目を履修するなかでそういった分析手法を学生は習うこととなる。
ゼミ論文では，この知識が欠かせない。それがなければ収集した文献アイテム
の分析内容をそもそも理解できないほか，さらには自分自身で分析を試みるこ
とができないからだ。

　卒業論文は，三つのうち最重級のもので，最も修士論文に近いものといえる。
形式のうえではゼミ論文と似通っているが，収集した文献アイテムにあるデー
タに満足せず，自分で別のデータを独自に集めて，それを使ってリサーチ・ト

ライアングルにおける分析を試みるタイプの論文が卒業論文だ。たとえば，関係者インタビューを行ったり，あるいはその他の実地調査・資料調査を実施したりするなどして，新しくデータを集めて分析する。したがって卒業論文の作成にはゼミ論文の作成よりは長い時間がかかってしまうのは当然といえよう。要するにゼミ論文は図書館で探し出した文献だけで書き上げることができるが，卒業論文はそうではない。

　小論文は大学教員の指導がなくても学生自身で執筆できるであろう。**それとは対照的に，ゼミ論文ならびに卒業論文には研究のプロである指導教官の指導・アドバイス・コーチングが随時欠かせない。**これら二つのタイプの論文を時間内に成功裏に完成させるには，大きな知的チャレンジを学生は数回にわたって乗り越えなければならないからである。そこで教員の指導が必要となる。

　これら三種類の論文の違いを別の角度からみてみよう。以下にあるのは第4章においてすでに示した図4-1である。

　ゼミ論文と卒業論文では，この図が示している構成要素すべてが満たされていなければならない。論文における構成要素の順番も，図のとおりでなければならない。対して，小論文はいわば簡易版である。序論における「趣旨の要約」，本文における「分析」，そして結論における「趣旨の要約」がこの順番どおりに含まれていることが最小限必要。文献レビューなどその他の構成要素が含まれなくても小論文は成立する。言い換えれば，こういったその他の構成要素はオプショナル。なので小論文は短いのだ。

　以上の議論を踏まえて，各タイプの論文を詳しく解説していこう。

2　小論文の書き方

　冒頭に二つの注意点を挙げたい。まず，小論文といえば，「○○について述べよ」「△△について解説せよ」といったタイプの設題をアナタは思い浮かべるかもしれないが，それらは「謎解き」の形とはなっていないことに留意する必要がある。本章でいう小論文とは短文ではあるものの，あくまで社会科学系のものであり，第2章第6節，つまり四タイプのリサーチ・トライアングルの

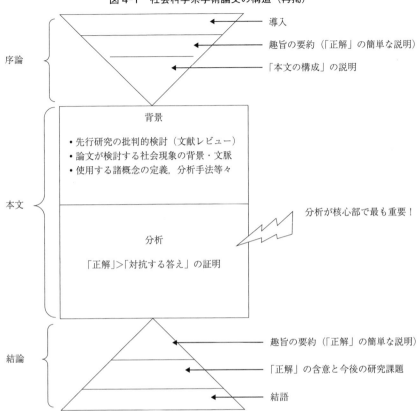

図4-1 社会科学系学術論文の構造（再掲）

節で説明したような謎を解くことがその趣旨である。そうであれば仮に上のような設題を目の前にしても，アナタは○○や△△に関する謎解きの形に設題を書き換えるべきなのだ。

　つぎに，第5章第1節「自分の考えを明確にする」をまずは再読してほしい（重複するのでここではその節の内容を記さない）。そこに書いてあるのは頭のなかでリサーチ・トライアングルをいかに作り上げるかという作戦である。その際，実際にリサーチ・トライアングルを紙に書いて可視化することが望ましい。そうして完成したリサーチ・トライアングルを文章化したものが小論文に

ほかならない。

　小論文の基本的（つまり最小限必要な）構成要素は以下のとおりである。必要であれば上の図 4-1 を参照しつつ別の部位を付け加えればよい。便宜上リサーチ・トライアングルで使っている語句を使用するが，状況によって別の表現を使うとよいであろう。たとえば正解や自分の答えは自分の主張・見解といった具合に。

【タイトル】　大変重要。注意深く選ぶべし。これで読者の印象が決まるといっても過言ではない。自分が提出する正解に基づいてタイトルを決めるか，あるいはリサーチ・クエスチョンをそのままタイトルにするか，いずれかをお勧めする。前者の場合，正解の核心となるキーワードを入れると読者の印象に残りやすい。場合によっては，サブタイトルを付け加えてもよい。「〇〇について」というような曖昧なものや，過激・奇抜なものはタイトルとしては避けるべきである。前者は「この若者，考えがいまだに浅いのだな」，後者は「この小論文，真剣に読むには値しないキワモノだな」と読者に思われるのがオチである。

【趣旨の要約】　これが序論にあたる。リサーチ・クエスチョン（謎），自分の答え（つまり正解），分析の結果（自分の答えがなぜ対抗する答えよりも説得力が強いのかという理由・根拠）をそれぞれ短く入れる。発表タイトルがリサーチ・クエスチョンの場合，要約にリサーチ・クエスチョンを入れなくてもよい。小論文は文字数が限られている。したがって，要約は一段落に，それも長くない段落に収めるようにするとよかろう。

【本文】　読みやすさを考えて，見出しや小見出しを使うことを大いに勧める。章立てされていない本がないように，見出しがない論文というものは存在しないと思ったほうがよい。

　本文の内容であるが，その核心部は分析なので，それに焦点を絞ることとなる。自分の答えがなぜ他の答えより説得力があるのか（他の答えを明示したうえで），順序立てて体系的に，つまり漏れなく説明していく。保留点・限界な

ども付け加え，丁寧な説明が欠かせない。具体的な議論の流れと組み立て方は，その時々の状況で決まり，これに限るといったものはない。

　分析の箇所を書く前に，分析そのものを小論文作成者は頭のなかで執り行うわけであるが，第2章第5節にて解説した論証ならびに実証の手法を行使するとよい。

　分析が心臓部ではあるものの，必要に応じて補助的に背景を分析の前に入れることがありえよう（図4-1を確認せよ）。ここでいう背景とは当該小論文が検討する社会現象の背景・文脈，さらには当該小論文が使用する諸概念の定義といったような，いわばお膳立てや下準備にあたる事項である。すでに指摘したとおり，小論文では文献レビューは含まれない。

　【趣旨の要約】　これが結論にあたるが，すでに序論として書いたものを言い換えた形で記すべし。

　小論文としての失敗作は，リサーチ・トライアングルが成立していないものだ。たとえば，「○○について述べた」「△△について解説した」といったタイプの「おさらい論文」（英語では survey paper）。あるいは，自己主張・意見はあるが，リサーチ・クエスチョンも「対抗する答え」に対する反論もないといったものだ。いうなれば「言いっぱなし論文」。社会科学系小論文として満たすべき構成要素を十分に理解していないことから生じる失敗といえよう。

　これで小論文の節は完了である。つぎにゼミ論文，そして卒業論文を解説していくが，上で指摘した，タイトル，趣旨の要約，本文における見出しに関する技術的な点は，ゼミ論文・卒業論文にもあてはまるので，以下では繰り返さない。

3　ゼミ論文の書き方——論争参加型のススメ

　文献レビューをする際，第4章第3節で解説したように文献分類表を関心あるテーマについて作成することから始める。この作業はゼミ論文にも欠かせな

いのだが，次のステップをぜひ勧めたい。

同じ第4章第3節の「さらなる検討」の項で示したとおり，有力な謎，ならびにそれについて「対抗する答え」を提出している二つの文献グループを選ぶのだ。わかりやすいように，第4章で示した図4-2をもう一度みてみよう。

この作戦を使えば，アナタのゼミ論文の目的は，この図が示しているような論争に参加して，「裁判官」としてどの文献グループ（図4-2でいえば「キクケコ」組と「サシス」組）がより強い説得力を持っているか判断し示すことにある。根拠群Ｘと根拠群Ｙとを比較検討し優劣をつけるのだ。いうなれば**論争参加型**の論文である。キャッチフレーズ風にいえば**「論争を見つけよ，その論争に参加せよ」**となろう。

ちなみに，このタイプのゼミ論文に付けられている文献目録には，これら二陣営に属さない関連文献も入っている。文献レビューの箇所にも「その他の関連文献」として言及されるほか，謎Ｇをめぐる背景説明に使えるかもしれないし，さらには根拠群Ｘあるいは根拠群Ｙの補助資料として使えるかもしれない。

では，この作戦がなぜ有効なのであろうか。社会科学系論文においてはリサーチ・トライアングルが成立しなければならないことは，これまで口を酸っぱくして繰り返してきた。ゼミ論文でも同様である。となれば，時間制限があるなか，いかにして最短距離でもってリサーチ・トライアングルを見事作り上げるかがゼミ論文作成者にとっての最大の課題となろう。そのうえ，分厚い文献レビューをしなければならないのだから大変である。

論争参加型論文のポイントは，**現存する文献のなかにリサーチ・トライアングルのヒナ型を見つけ出す**ことにある。このヒナ型は図4-2が示すとおり「謎をめぐる論争」の形をとっている。正解が決まっていないのだから，完成型ではなくてヒナ型のママなのだ。であれば，このヒナ型のリサーチ・トライアングルにアナタ自身が参加して，自ら正解を示し，リサーチ・トライアングルを完成させればよい。これが論文完成への最短距離である。

実はリサーチ・トライアングルを設計し，完成させるには別の方法も存在する。そういった方法は論争参加型以外には七つあると『社会科学系のための「優秀論文」作成術』において問題発見法として指摘した。しかし，初学者が

第7章 論文を書く

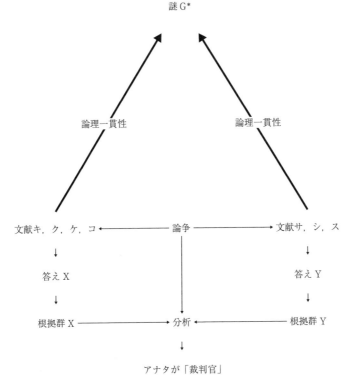

図4-2 重要文献アイテムがなすリサーチ・トライアングル（再掲）

＊謎Gに関する背景情報は，他の文献アイテムから補うとよい。

取り組むのは論争参加型がよい。とりわけ執筆時間が一学期しかないゼミ論文を書くに際してはそうである（☞*BOX7-2*「論争参加型を採用するにいたった背景」）。

　ちなみに，図4-2に示してある謎Gに関するリサーチ・トライアングルは，第4章第3節で掲げた文献分類表に基づいている。その分類表をいま一度みれば，謎G以外にも謎H，謎P，謎Q，謎Rそれぞれに論争が存在している可能性があることに気がつくであろう。それぞれの謎には最低二つの文献アイテムがかかわっているからだ（ただし，複数の文献アイテムがあれば，その謎に

BOX7-2　論争参加型を採用するにいたった背景

　実は 15 年以上前に執筆した『社会科学系のための「優秀論文」作成術』の第 5 章においては，論争参加型論文は修士学生むけとして勧めていた。しかしカナダの勤務校にて学部生（三年生・四年生）にターム・ペーパー攻略法（一学期以内に仕上げなければならない），さらには honors thesis 攻略法（四年生が二学期で仕上げるもの）を長らく指導してきた経験を経て，学部生にも論争参加型が有用で実行可能であるという確信を持つにいたった。リサーチ・トライアングル方式そのものが学部生にとって効果的なものと信じるようになったと言い換えてもよい。

　学部生に「文献を読んで，ペーパーを書け」とだけ言ってもどうしようもない。初学者には学術文献の読み方から教え始めるが，それまで教科書しか読んだことがない彼（女）らからしたら，そういったこと自体がチャレンジなのである。くわえてオンライン図書館で学術文献そのものを見つけ出し文献目録を作成することにも慣れていない。そのうえで「論文を書け，それも学術文献を駆使して」といってもうまくいかないのは当然であろう。そういったなか，リサーチ・トライアングル方式の効用を説き，その適用を実際に指導してきたのである。この方式に一年生・二年生をあらかじめなじませておけば，後々，大いに効果的なのは目に見えている。

　実際の論文指導のうえでは「『短期決戦』なので文献のなかで論争を見つけ，参加するとよい。そのうえでアナタ自身のリサーチ・トライアングルを精密化してい

論争があるとは必ずしも限らないことに注意）。であれば，謎 G に限らなくても，文献アイテムの間で論争されている謎を一つ選べばよい。

　ゼミ論文で起こりうる失敗は，**文献レビューをしたものの，自らのリサーチ・トライアングルを十分に完成させることができずに終わる**というものである。典型的なのは「筆者 X はこう言っている，筆者 Y はああ言っている」とか「事件 P はこういったもので，事件 Q はああいったもの」というような描写が続き，最後に印象を述べて終わるという「おさらい論文」だ。そもそも謎解きをしていない失敗作といえる（書評論文として成立させることはできるかもしれないが）。あるいは，自分の「正解」だけを述べて「対抗する答え」を取り扱わない「言いっぱなし論文」。さらには，小論文さながらに頭のなかでリサーチ・トライアングルを組み立てたものの，実施した文献レビューとは直

くのだ」と説いたうえで，筆者が担当する三年生科目では論争が存在するテーマを複数挙げ，履修生はこれらのうち一つを選ぶというように設定している。四年生科目においては，「適切なテーマを選ぶこと，つまり論争があるテーマを見つけること自体が君たちの訓練の一部だ」としつつ，そのうえでいくつかのヒントを与えるなどしている。ここでも「リサーチ・トライアングルが設計図」と口を酸っぱくして繰り返しているのは言うまでもない

　こういった「型」を指導しないと，多くの学生たちは「おさらい論文」や「言いっぱなし論文」を作成してしまう。当然であろう。そもそも論文が持つべき内容や構成要素を学生たちは知らないのだから。それは自動車が持つべき基本的部位のリストを持たないまま，自動車を造る作業と同じである。しかし，そういった「論文の内容リスト」ともいうべきものを教員は頭のなかで学問の常識，暗黙の前提として持っているのだ！　当然，「おさらい論文」には「論点が明確でない」とし，かたや「言いっぱなし論文」に対しては「反論を扱っていない」として教員はそれぞれ問題視してしまう。学生側からすればやるせなかろう。

　なるほど論争参加型の論文作成法は一筋縄ではいかないかもしれない。しかし，それはリサーチ・トライアングルの完成という目標に向かって最短距離を走るものである。そして「おさらい論文」や「言いっぱなし論文」という失敗作の罠に落ちないための作戦なのだ。

接的・密接的な関係がないといった「内容がバラバラ論文」も失敗作だ。初学者がこれらのような失敗を避けるためにも，論争参加型のゼミ論文を勧めたい。

　ここで二つほど，注意点を指摘しよう。

論争を見つけられない場合

　この論争参加型のポイントは，既存の文献のなかに論争を見つけることにある。一つのテーマについて複数の論争があれば，アナタが関心を持てる，そしてなんとか正解を自分自身で見つけられそうな論争に参加すればよい。しかし，学部生にとってコトはそう簡単にはいかないかもしれない。

　アナタにとっての最大の問題は，論争が見つけられない場合である。その場

144　　　　　　　パートⅡ　応用編　設計図を活用しよう

> **BOX7-3　論争がなければ「大きな問題」へ**
>
> 　アナタがいま，一つの具体的な事例や事件に関心があるとしよう。関連文献を調べても残念ながら論争が見つからない。見つかるのは事実ばかり。そのような時，次の作戦をまずは試みてほしい。その事例を含む一般的現象について論争があるのか探るのである。たとえば猟奇事件Xは一事例であるが，その他の数々の猟奇事件と束ねれば「猟奇事件という社会現象」となる。仮に猟奇事件Xそのものについては論争がなかったとしても，「猟奇事件という社会現象」について論争があるかもしれない。そうであれば，対立する陣営同士の議論を比較吟味する際に，アナタがこれまで集めてきた猟奇事件Xのデータを証拠として検証に使うのだ。このように「小さい問題から大きい問題」に論争探しの視野を広げるのである。

合，ズバリ，そのテーマについてゼミ論文を書かないほうがよい。あきらめるのだ。書けば上で指摘した失敗作となってしまう。論争が見つからなければ，全く別の新しいテーマに切り替えるか，あるいはこれまでのテーマの範囲やアングルを変えるなどしてあらためて論争を探すほかない（☞BOX7-3「論争がなければ『大きな問題』へ」）。あるいは，次の節で解説する卒業論文用の「古い仮説，新しいデータ」作戦に切り替えるのも一案であろう。

　実際，こむずかしい学術文献を読みつつ，文献レビューに取り組み，論争を見つけるのには長い時間がかかる。当然，早めに文献を集めなければ時間切れとなる。大抵は想定していたよりも長い時間がかかる。予定を組み，時間をうまく使いこなす術が欠かせない。この点については第5節で後述する。

　とあるテーマがそもそもゼミ論文に向いているのかどうか（つまり適切な論争があるのかどうか）判断するには時間と労力がかかる。しかし，この判断が適切でないと**アナタのゼミ論文が失敗作となりかねない**。だからこの判断は決定的に重要なのだ。したがって，**指導教官のアドバイスが欠かせない**。というのも，分野によっては論争が少ない，あるいはあっても間接的な形でしか存在していないということがありうる。さらには論争が見つかったものの，かなり難易度が高く，とうてい学生が参加できそうでないというような状況も往々にしてある。「お手軽な論争」が見つかりにくいときこそ，研究のプロである指導教官の助けが欠かせない（☞BOX7-4「テーマ選びの裏技」）。

第 7 章　論文を書く　　**145**

BOX7-4　テーマ選びの裏技

　論文のテーマ（解くべき謎や文献における論争）を確定するのは学生自身の責任である。指導教官が「君，これやりなさい」と与えるものではない。指導教官の役割はコーチ。必要に応じて学生にアドバイスはするが，テーマ選びから執筆完了まで学生自身が主体性をもってプロジェクトを完成させるのだ。この点を押さえつつも，筆者がお勧めするのは次の「裏技」である。「先生，論争を探しているのですが，よいものをご存じですか」と指導教官に尋ねるのだ。「論文テーマを教えてください」というオネダリではないのがポイント。研究のプロである指導教官なら，担当分野におけるさまざまな論争に通じているはずである。

統一審査基準の原則

　さて，文献レビューののちに論争を一つ見つけたとしよう。その論争に参加してリサーチ・トライアングルを完成させるには分析をアナタ自身でしなければならない。その際，対立する文献アイテムを論証・実証の両面で精査して，対抗する複数の陣営のうち一つに軍配を上げなければならないのだ。その際に留意しなければならないのは，**同じ審査基準を使用する**ということである。一方の陣営を基準 A でもって評価する一方，他方の陣営を別の基準 B でもって評価するというようなことは避けたほうがよい。一つの基準が論証基準 X_1, X_2, X_3, ならびに実証基準 Y_1 と Y_2 から成り立っているというような複合型であれば，これら五種類の基準をすべて両陣営にあてはめていくこととなる。あるいは，実証基準 Y_1 と Y_2 のみ（あるいはそのうちの一つのみ）採用し，論証はしないといった判断もあるやもしれない。いずれにしても同じ審査基準を双方の陣営に採用すべし。そうでなければ，軍配に関するアナタの判断は恣意的だと批判されてしまう。言い換えれば，公平性かつ透明性が成立する形で審査することが欠かせないのである。これこそが**統一審査基準の原則**にほかならない（☞BOX7-5「対決事例法　その一」）。

　この基本点を踏まえつつ，アナタは所属する専門分野で確立されている分析手法に関する知識を使いながら各陣営が提出している根拠を精査することとな

BOX7-5 対決事例法 その一

　少数の事例を使って仮説検証を試みる場合，お勧めなのは**対決事例**（critical cases）に焦点を絞って，対抗陣営間の優劣を判断するという作戦である。

　まず，両陣営それぞれが「この事例はわれわれの主張が正しいことを証明するものだ」として採用する事例を調べあげる。たとえば，陣営Sは事例E，F，Gを挙げる一方で陣営Tは事例G，H，Jを挙げるとしよう。両陣営に共通する事例Gこそが対決事例にほかならない。この事例Gに関して両陣営が展開する議論を照らし合わせ，事例Gを精査し，いずれの陣営がより強い説得力を持っているのか判断するのである。こういった実証作業は対決事例以外ではなかなか難しい。上の例を使って考えてみよう。いま，事例Gを除いてみる。そのうえで，陣営Sが展開する事例EとFに関する議論を精査し，同時に陣営Tの事例HとJを精査するのである。最後に統一審査基準の原則でもって両陣営の議論を突き合わせることとなる。この作業はハードルが高い。対して，対決事例Gでは両陣営の議論が明確で突き合わせやすい。そのうえ，精査する事例は一つだけ。だからやりやすいのだ。この設定は，一つの事件について対立する二つの主張を審査する裁判官の状況とまさしく同じである。

　そこで，参加する論争を選ぶ際，複数ある論争を見渡して対決事例がある論争をわざわざ選ぶ作戦をお勧めする。つまりゼミ論文のテーマを選ぶ際，「まずは論争を選び参加する」という第一方針に加えて，「そのなかでも対決事例がある論争に参加する」という第二方針を立ててのぞむのである。しかし，である。残念ながら対決事例が必ずあるとは限らない。そこは運にまかせるしかない。

る。そして裁判官さながらにアナタはいずれの陣営がより強い説得力を持っているのか判断するのだ。分析手法に関する知識が大きくかかわってくるこのプロセスにおいても，研究のプロである指導教官のアドバイスが欠かせない。

4　卒業論文の書き方

　前節でゼミ論文むけに記した作戦や留意点は，卒業論文にも該当する。ゼミ論文と異なるのは，繰り返しになるが，卒業論文における分析ではレビューし

た文献にはないデータを使うという点である。ただし，卒業論文という看板を掲げながらも，実質的にはゼミ論文の型を採用することもありうるであろう。

　卒業論文の場合，基本的には二つのタイプのものがある。一つは論争参加型のもので，もう一つは論争に参加しないタイプのものである。以下で説明しよう。

論争参加型

　前節で解説してきたとおり。レビューした文献にないデータを集め，専門分野で確立されている分析手法を駆使してそれを分析し，論争に一つの解決をもたらそうとするもの（☞BOX7-6「対決事例法　その二」）

論争非参加型

　これまで展開してきた議論の大前提は「文献レビューにて論争を見つける」というものであった。「論争が見つけられなければ，テーマを変更せよ」とも述べた。しかし，論争が見つからない場合でも成立しうるタイプの卒業論文がある。それは「古い仮説，新しいデータ」型のものだ。

　文献レビューの際に論争がない，あるいは見つからない場合に「古い仮説，新しいデータ」型は有効である。その名のとおり「新しいデータ」を集めるのがこの型のポイントだ。つまり，レビューした文献にはないデータがここでいう「新しいデータ」にあたる。そして文献に出てくる「古い仮説」がその新しいデータにおいても成立するのかどうか検証するのである。この分析における関心は「古い仮説が想定している適用範囲が古いデータのみのものなのか，あるいはそれを超えるのか」という技術的な問いにあるといえよう。これは「競合するいずれの解釈・仮説がより妥当なのか」という論争参加型が持っている問いとは大いに異なる。

　たとえば次のようなシナリオをみてみよう。まず，文献レビューをした結果，1980年代の地域Xに関して一般的仮説Pが成立していると文献アイテムA，B，Cが報告しているとわかった。これら文献アイテムの間には論争がない。

148 　　　　パートⅡ　応用編　設計図を活用しよう

BOX7-6　対決事例法　その二

　いま，卒業論文で，*BOX7-5* で取り上げた対決事例作戦を採用するとしよう。収集した文献アイテムにはない事例を対決事例として探し出すこととなるが，基本的には次のような手順を踏む。まず陣営Ｓが文献で展開している理論を把握し，つぎにそれに基づいて仮説を組み立てる。「もし陣営Ｓが正しければ，どのような結果を事例において見出すことができるのか」と想像し，結果Ｘが出てくるはずという仮説を出す。これをＸ仮説と呼ぼう。同じことを競合する陣営Ｔについて実施し，Ｙ仮説を導き出す。そのうえで，Ｘ仮説とＹ仮説が競合しそうな対決事例を選ぶのである。それも収集してきた文献に掲載されていない事例を選ぶのだ！そうして，対決事例においていずれの仮説のほうがうまくあてはまるのかという仮説検証を完了して分析が終わる。

　この分析はハードルが高い。より「お手軽」なものとして次の二つの作戦を挙げておく。これら二つの作戦はともに「文献のなかにすでにある事例に注目するものの，データを自分自身で集める」というものだ。

　まず，文献において対決事例が存在しているものの，実際にその事例についてより多くのデータを集め，分析し直すという作戦が一つ。もう一つは応用型である。上の例を使って説明しよう。自分が賛同しそうな陣営Ｓの視点に立って，対抗陣営Ｔが採用している事例のうち少数のもの（最低一つ）にまずは注目する。仮に，陣営Ｔが有力なものと主張する事例Ｈを選ぶとしよう。そこで事例Ｈに関して陣営Ｔがこれまで採用してきたよりも多くのデータを集め，「事例Ｈでは仮説Ｙが成立している」という陣営Ｔの議論を批判的に再検討するのである。

しかし，よく調べれば，1990 年代において仮説Ｐが同じ地域Ｘおいて成立しているかどうかを検証する研究がないことに気がついた。そこで文献アイテムＡ，Ｂ，Ｃに基づいて同様のデータを 1990 年代の地域Ｘについて集めた。これが「新しいデータ」にあたる。つぎに，「古い仮説」である仮説Ｐが「新しいデータ」でも成立するのかどうか文献アイテムＡ，Ｂ，Ｃが採用したのと同じ分析手法によって検証した。ここでの謎は「地域Ｘにて 1980 年代に成立した仮説Ｐは 1990 年代においても成立するのか否か」であり，競合する答えは「成立する」と「成立しない」である。いずれの答えが正解なのか判断することにより分析が終了し，リサーチ・トライアングルが完成する。

図で示せば図 7-1 のとおりになる。

　この応用型として二種類挙げておこう。上の例における謎は，時期に関するものであった。仮説の適用範囲が 1980 年代だけなのか否かという謎である。この仮説適用範囲を時期でなく地域に変えることも可能である。上の例を続けよう。いま，アナタは地域 X に隣接する地域 Y（近隣領域として適切）に注目したとする。その場合のリサーチ・クエスチョンは「地域 X にて成立した仮説 Q は地域 Y においても成立するか否か」となる。これが第一種類の応用型である。時間や場所に限らなくとも，事例や人物など，さまざまな「近隣領域に関する新しいデータ」の対象が考えられよう。

　第二の応用型は「古い仮説，新しい分析手法」というものである。「レビューした文献では分析手法 C を使って仮説検証されてきたが，分析手法 D でも同じ分析結果は得られるのか」というのがここでのリサーチ・クエスチョンにほかならない（図 7-2 をみよ）。たとえば分析手法 C が一致手続き法であり，分析手法 D が過程追跡法といったような組み合わせが考えられよう（両者の分析手法については付録の「因果分析の基礎知識」をみよ）。本来ならば分析手法 D で得られた結果は分析手法 C での結果と同じであるはずである。それが確認できればそれはそれですばらしい研究結果といえよう。他方，両者の結果が異なれば，それは「意外な結果」となり，なぜそうなったのかこれから精

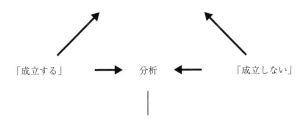

図 7-1　「古い仮説，新しいデータ」のリサーチ・トライアングル

図7-2 「古い仮説，新しい分析手法」のリサーチ・トライアングル

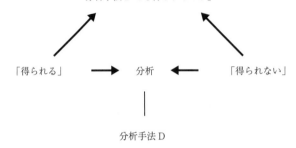

査していくべき問題となる。そういった問題を指摘することも優れた研究結果となる（なお，「古い仮説，新しいデータ」型のより詳しい解説については，拙著『社会科学系のための「優秀論文」作成術』の第6章を参照してほしい）。

5　論文作成をプロジェクトとして捉えよう

　論文作成はプロジェクト（計画）の一つといえよう。いかなるプロジェクトにおいても，成功のためには二つの条件が満たされないといけない。つまり，どちらかが欠ければプロジェクト失敗となるのだ。第一の条件は「作品（あるいは結果）が達成すべき内容を正確に知ること」である。いくらがんばって作り上げても作品そのものが不十分であれば失敗となるのは明白であろう。第二の条件は，適切にプロジェクトを運営することである。これはスケジュール管理を含む。いくら完璧な作品を作り上げても締め切りに間に合わなければプロジェクトとしては失敗となる。
　いかなるプロジェクトにおいてもこれら二つの失敗を避けるようにしたい。まず，到達すべき状況が正確にはわからないままにプロジェクトを始めないこと，そして持ち時間を過大評価しないということである。前者にはチェックリストを作成し，後者には現実的なスケジュール表を作成することが解決策にな

第 7 章　論文を書く　　　　151

図 7-3　論文作成の時間軸

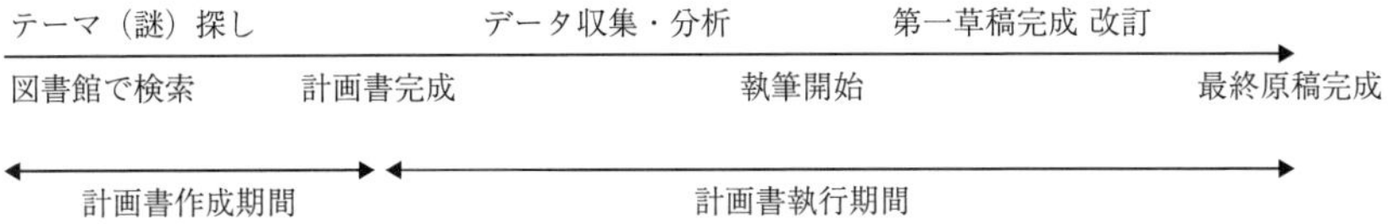

テーマ（謎）探し　　　　　　データ収集・分析　　　　第一草稿完成 改訂

図書館で検索　　　　計画書完成　　　　　　　　執筆開始　　　　　　　最終原稿完成

計画書作成期間　　　　　　　　　　　計画書執行期間

る。チェックリスト作成のためには時間をかけて十分な情報を入手すること。また，締め切りの前に何日か予備日をスケジュールに入れておくのもよい。たとえば，金曜日が締め切りであれば，火曜日を自分用の締め切りとする。そうして水曜日と木曜日を予備日にあてる，といった具合に。不測の事態が起こっても，予備日がクッションとなり，締め切りに間に合わせることができる。もちろん，プロジェクトの各段階が達成されるべき日付をスケジュール表に書き入れることも忘れずに。

　このように，論文作成を一つのプロジェクトとすれば，まず完成すべき論文が満たすべき条件を明確に漏れなく知っていること，ならびにスケジュール管理を自分自身でしっかりすること，この二つが成功の条件となる。本章はこれまで前者について解説してきた。ここではスケジュール管理について少し述べたい。

　まずは図7-3をみてほしい。時間軸に作業を書き入れたものであるが，これはゼミ論文・卒業論文むけの図となっている。左端にある「図書館で検索」がスタートで，右端の「最終原稿完成」がゴールとなっている。

研究計画書

　まず，図7-3で，時間軸が計画書完成を境にして二つに分かれていることに注目してほしい。計画書作成期間と計画書執行期間だ。そう，ゼミ論文・卒業論文に取り掛かるには研究計画書（略して計画書）を作る必要がある。その目的は以下の点を指導教官に伝えるためである。「これが私の論文作成計画の内容です。準備は整いました。これから計画を執行します」。ここでいう計画とは，いわば地図のようなもので，実際に執行段階に入れば幾度となく計画書を

BOX7-7　企画書への応用

研究計画書は企画書，つまりなんらかのプロジェクト提言に応用できる。まず，企画書が想定している一般的なリサーチ・トライアングルは次のようなものだ。

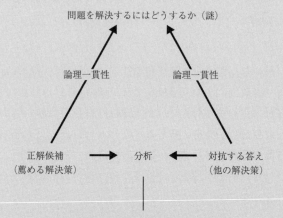

まずは問題を提起し，それを解決するには提唱する方法が他の解決策よりも望ましいことを示したうえで，その実行プランを説くのが企画書の目的にほかならない。上のリサーチ・トライアングルは「これから取り組む『問題を解決するプロジェクト』の設計図」といえる。企画書が完成したら，後はそのプランを実施して，問題を実際に解決していくこととなる。つまり正解候補がまさに正解であったことを証明するのだ。プロジェクトが成就した段階になって初めて，設計図にすぎなかったリサーチ・トライアングルが実際に成立すると言うことができよう。

ここでいう「問題」であるが，第2章第6節をいま一度読み直してほしい。そこ

読み直して「そうそう，こういうことだった」と確認をとることとなる。もちろん「予定していたことと違ったので，計画を修正する」ということもありうるであろう。しかし，そもそも計画書がなければ「旅行中，地図がないまま道に迷ってしまう」といった状況に陥るのはほぼ間違いない。

計画書には以下のものが含まれている（☞BOX7-7「企画書への応用」）。

で四つのタイプの謎を取り扱った。これらのうち一つが該当するわけであるが，政策研究のところで指摘した「功利主義的な謎」が最もしっくりくるかもしれない。一例として「日本は道州制を導入すべきか」をそこでは挙げてある。より詳しいものに改訂するならば「行政の効率化を図るには日本は道州制を導入すべきか否か」といったものになろう。その場合，「すべき」あるいは「すべきでない」が正解候補となる。あるいは，「行政の効率化を図るにはどうすればよいのか」を謎とするならば，「道州制を導入する」と「別の制度 X を導入する」のいずれかが正解候補となる。

このように，解決すべき問題を特定したうえで，なぜ推奨する解決策がほかのものよりも良いのか体系的な議論を展開する作業が，上のリサーチ・トライアングルでいう分析にあたる。そのような説得力を強化するため，推定される費用対効果やこれまで実施したパイロット・プロジェクトの結果などを示すことも多いにありえよう。くわえて工程表や予算を含む具体的な実施方法も企画書の重要な一部だ。これらがなければ「実際にどうプロジェクトを実施するのか」「どの時点でプロジェクトの進捗状況を判断するのか」といった問いに答えることができない。いうなればプロジェクトの設計図を示すだけではなく，それまでの道のりも企画書は明らかにするというわけである。いわば猜疑的な読者を説得する心づもりで企画書は書かれていると言ってよかろう。

以上が企画書の基本的性格であるが，より研ぎ澄まされたものにするには上で示したリサーチ・トライアングルの各要素を詰めていく作業が必要となる。たとえば，「問題」の定義をより詳しく定めたり，「○○年△△月までに（あるいは予算内に）問題 A を解決するにはどうするか」など制限・条件を付けることがそういった作業に該当する。まさに「水が漏れない」ように各要素を固めていくのだ。

(1) 論文タイトル（仮のものでよい，計画書執行段階で変更可能）
　→　「正解候補」に基づく（そのキーワードを使う）タイトル，あるいはリサーチ・クエスチョンをそのまま使う
(2) 下の（4）ならびに（5）の要約（一段落ほどにまとめたもの）
(3) 文献レビュー（完成版で，最終原稿にそのままコピーできるほど完成度が高いものが望まれる）

→ 直接的に関係がある文献アイテム（図4-2（再掲）でいえば文献キ，ク，ケ，コと文献サ，シ，ス）に焦点をあわせたもので，各陣営の性格が明確に描かれていること

(4) 文献レビューを踏まえたうえでの，計画書作成者が完成させたいと思っているリサーチ・トライアングルのヒナ型（三つの頂点）の説明

(4.1) リサーチ・クエスチョン（文献レビューで既出であれば略）

(4.2) 計画書作成者にとっての「正解候補」

(4.3)「対抗する答え」の候補

(5)「正解」を確定すべく計画書作成者が執行を予定している分析手法（ならびに使用するデータとその採集手段）の詳しい解説

→「実際には，どう分析するの？」「どのような分析結果が出れば，正解が成立するの？」といった具体的な問いに体系的に答えること

(6) 計画予定表（たとえば○○年△△月にデータ分析終了など）

(7) 論文目次（予定のもの）

(8) 文献目録（最終原稿にそのままコピーできるほど完成度が高いものが望ましい）

　便宜上，図7-3では計画書作成期間が計画書執行期間よりも短く表現されているが，実際にはそうでないかもしれない。これまで解説してきたとおり，文献レビューを完成させ，アナタが解きたいリサーチ・クエスチョンを選び，リサーチ・トライアングルのヒナ型を確定するまでは時間と労力がかかる。

データ収集と分析

　計画書執行の段階でも落とし穴が待っているかもしれない。まずは，データ収集と分析である。文献にあるもの以外のデータを独自に集めるとなれば，想定外のことも起こりうる。分析にしても一筋縄ではいかない可能性もある。これらの点について，指導教官によるガイダンスは不可欠だ。

第7章 論文を書く　　155

第一草稿と改訂

　データ分析の後，第一草稿を書き上げることとなる。第一草稿を書き上げること自体大変ではあるが，それを改訂する作業を怠ってはならない。つまり第一草稿を最終原稿として提出しないこと。改訂作業は決定的に重要であり，これがあるのとないのとでは最終原稿の質が全く異なる。改訂していく際，文章の推敲は当然であるが，セクションや段落の統合，整理，削除なども行う。長めの第一草稿が改訂のあと短くなるのはよくあることである。「すっきり，くっきり」と読める「学術作品」に仕上げなければならない。それはまるで刃物を研ぐ作業に似ている。それがなければ切れ味が悪く，売り物にならない。できれば，改訂は複数執り行うのがよい。また，できればクラスメートに草稿を読んでもらいコメントをもらうのだ。実際，大学教授が執筆する学術論文は，こういったプロセスを踏んでいる。

　完成原稿を仕上げるために，こういった作業をこなしていくには適切なスケジュール管理が欠かせないことが理解できるであろう。繰り返しになるが，われわれは作業量を過少評価する一方，持ち時間を過大評価する傾向にある。そのうえ，病気にかかるといった想定外の事態も起こりうる。そこで，実際に図7-3に「計画書作成完了は何月何日」「最終原稿の正式な締め切りは何月何日，予備日を入れた自分用の締め切りはその〇〇日前の何月何日」と書き込んだものを自分用に作成することをぜひ勧めたい。そういった具体的日程表がない建築プロジェクトがありえないのと同様に，論文作成プロジェクトにも具体的日程表が必要である。

　くわえて，一学期，あるいは通年といった長期カレンダーを準備するとよい。そして，論文作成関連の日程，そのほかの学業に関する日程（他の科目の試験など），さらには個人的な日程（アルバイトなど）といったすべての日程をそこに記入し一覧できるようにしておくのだ。そうすれば論文作成スケジュールがその他の活動スケジュールに邪魔されないように注意することが可能となる。論文作成を含むプロジェクトを成功裏に終了するには，プロジェクトを裏面で支える適切なスケジュール管理術が欠かせない（なお，執筆作業についてのヒ

ントは拙著『社会科学系のための「優秀論文」作成術』第4章を参照してほしい)。

6 まとめ

本章のポイントをまとめれば次のようになる。

まずは，失敗を避けるべし。あたりまえのようだが，初学者にとってこの点はくれぐれも心する必要がある。よくある失敗パターンは持ち時間を過大評価し，作業量を過少評価して時間切れとなってしまう例である。その結果，次のいずれかの状況に陥る。まず，お粗末な内容の論文をなんとか提出期限に間に合わせるという状況。提出する論文は当然，失敗作である。あるいは提出期限を過ぎても執筆作業を続けざるをえず，提出遅延ペナルティーを甘んじて受け入れるという状況。避けられたのに失点してしまうという惨状である。最悪の場合は，遅延ペナルティーを課せられながらも失敗作しか提出できないという二重苦の状況だ。こういった失敗を避けるには，適切なスケジュール管理が欠かせない。

そのうえで，各タイプの論文の攻略法は次のとおり。

• 小論文：リサーチ・トライアングルを使って議論を組み立てよ。

• ゼミ論文：「論争を見つけ，その論争に参加する」という論争参加型が成功への最短距離。

• 卒業論文：論争参加型と「古い仮説，新しいデータ」型，これら二つの攻略法を状況によって使い分けよ。

いずれのタイプの論文もリサーチ・トライアングルが設計図の役割を果たすが，タイプによって複雑さと作業量が異なる。

最後にひと言。ゼミ論文あるいは卒業論文というプロジェクトを完成させる

には，**指導教官のコーチングが絶対に必要**である。進んで指導教官のアドバイスを仰ぐとよい。もっといえば，ゼミ・指導教官を選ぶ前に，その指導教官が発表してきた学術論文・著書に目を通しておくことを強く勧める。そうすれば指導教官が得意とする分析手法もあらかじめよく理解できよう。そういった下準備も論文プロジェクトには大変役に立つのだ。

本書のまとめ

七つの章からなる本書であるが，各章の結論は以下のようにまとめることができる。

パートⅠ　基礎編
- 第1章：社会現象の謎解きこそが社会科学の使命。
- 第2章：リサーチ・トライアングルがこの謎解きの基本的設計図。
- 第3章：謎解きの前例は多数あり，解けたものもあれば解けていないものもあるが，学べることが多い。

パートⅡ　応用編
- 第4章：個々の文献アイテムを効率的に読解し，さらには文献全体を俯瞰するためにはリサーチ・トライアングルを設計図として使用すべし。
- 第5章：発表と質疑応答に成功するカギはリサーチ・トライアングルを聴衆側との共通基盤として確立すること。
- 第6章：他者の発表にコメントする際，さらには討論を運営する際には，ともにリサーチ・トライアングルをチェックリストならびに共通基盤として使うとよい。
- 第7章：小論文，ゼミ論文，卒業論文を作成する際には，リサーチ・トライアングルを基礎にしておのおのの特徴を把握し，そのうえで攻略せよ。

以上のようなリサーチ・トライアングル方式ともいうべき思考法は，数ある論理思考法のうちの一つといえよう。リサーチ・トライアングルを構成する要素を書き出すならば次のようになる。「Q（謎）については私はこう思う，正解は答えYではなくて答えXだ，なぜなら根拠（分析）はこれだから」。これ

は単純であるが普遍的で効果的な「結論，それから理由」という形での表現方法といえる。こういった形の表現でないと，聞いている側からすれば「何がいいたいの？」「自分の意見はないのか」といったことになるのは当然であろう。

リサーチ・トライアングル方式は，使っている用語が異なってはいるが，拙著『社会科学系のための「優秀論文」作成術』のなかでも貫徹されている。まず，そこでは中心命題（論文のなかでの基本的主張・結論）の重要さを説いたが，中心命題は本書でいうところの正解にほかならない。同様に拙著では反論を取り扱うべしとしているが，これは本書でいえば分析の箇所にあたる。さらには学術論文は「問題と解決」の枠組みをとるべしという拙著の主張は，まさに謎解きを強調するもので，そこでいう問題とは本書でいう謎である。

こういったリサーチ・トライアングル方式であるが，それは，とくに大学生にとって二つのタイプの世界をつなぐ手段といえよう。一つは，教科書の内容を権威あるものとして疑わずマスターする教育，つまり与えられた問題を解き，あらかじめ準備してある正解を見つける教育の世界である。そういう世界のなかで多くの学生は成長してきた。もう一つは，問題や謎が存在するものの，それらについてあらかじめ準備された正解というものが存在しない世界である。この二つ目の世界は現実社会にほかならない。いわば教科書の前提があてはまらない世界。第一の世界に慣れ親しんだ者が突然第二の世界において「正解を見つけよ」と言われたとしても，途方にくれるだけであろう。そこで，リサーチ・トライアングル方式を採用すれば，自分なりの正解を考え抜いて，それを表現できるようになれるというわけである。

もちろん，自己鍛錬を積まなければリサーチ・トライアングル方式はマスターできない。その際に有用なアナロジーは，第1章や第2章で述べたように刑事ドラマである。刑事ドラマには定型があるがごとく，社会科学における謎解きにも定型がある。それがリサーチ・トライアングル方式だが，この方式をマスターする際に行き詰まれば，刑事ドラマの定型を思い起こせばよい。打開の契機となろう。

社会科学一般には特有の「思考の型」がある。それを可視化し理解しやすいように表現したのがリサーチ・トライアングルにほかならない。ぜひ，「社会科学者の卵」であるアナタはリサーチ・トライアングル方式をさまざまな場面

で活用していただきたい。そうすれば自力で考え抜く能力が増すに違いない。その基礎の上に専攻科目で学んだことを積み上げていくのである。また，卒業してからも幅広い場面においてリサーチ・トライアングル方式は応用がきく。有用に使っていただきたい。そうして組織の一員として貢献し，さらには社会の一員として貢献してほしい。謎を見つけ自分なりに解く能力，さらには問題を解決する方策を示すことができる能力をもとにして。

社会科学の基本を知るための
付録

1 用語解説

本書で使う主要な専門用語を解説しておこう。五十音順に並べてある。これらのなかには研究者の間で合意が存在しないものもある。初学者が理解できるように，本書の趣旨に沿う形で，それも必要最小限の範囲内でそれぞれの語句を解説している。また，解説文のなかで太字になっている語句は，別に項目立てて解説されているので留意されたい。

ア　行——

一般化　英語では generalization。抽象概念を使いつつ，個々の事例をひとくくりにして何か共通する属性・因果関係を見つけようとする作業。こういった作業は**事例**を網羅する共通の属性・因果関係の把握，つまり**理論**（一般理論ともいう）の構築には欠かせない。たとえば犯罪事件 A，B，C を一連の模倣犯事件として捉え，共通のパターンを見出そうとする行為が一般化である。「何時ごろ模倣犯事件が発生する傾向があるのは○○という理由だから」というような議論がここでいう**理論**にあたる。

エスノグラフィー　英語では ethnography。研究対象となる集団の行動様式を実際に参加・観察して記録する調査方法。その結果は「厚い記述」（thick description）というタイプの論文にまとめられることが多い。

カ　行——

仮説　解釈のことで，ときどき「○○説」という形をとる。より詳しく言えば，客観的**データ**を証拠として集め，それに基づいて検証（支持できるかどうか判断）される解釈を指す。また，そういった行為を仮説検証という。

研究 リサーチ（research）とも言う。**分析**や**調査**などを含む大きな概念。「これまで正確にはわからなかったことを解明し，少しでもわかるようにする行為」といえる。研究プロジェクト，実証研究，理論研究といった表現に含まれることもある。

研究テーマ 単にテーマ，または研究課題と呼ばれることもある。本書の文脈ではリサーチ・クエスチョンの対象となる社会現象。たとえば，日本の原子力問題といったようなもの。

コード化 共通の様式でもって情報源（一つひとつの事例や文献アイテム）にあたり，記録していくということ。たとえば一学年の学生一人ひとりについて「年齢，通学所要時間，一日の睡眠時間」といった共通項を調べて記録していく作業がコード化。本来ならバラバラであった情報がコード化を通じて比較や分類，さらには統計処理することが可能になる。

サ　行——

実証 客観的な**データ**・証拠に照らし合わせて**仮説**（解釈）が支持できるかどうか判断する作業。仮説検証ともいう。「もし，この解釈が正しければ○○のような証拠が発見されるはずである」という姿勢で**データ**にあたる。そういった証拠が発見できれば**仮説**は支持されることとなり，そうでなければ却下される。この種の作業を試みる研究を実証研究という。**論証**と比較せよ。

実証主義 ポジティビズム（positivism）ともいう。客観的な**データ**が入手でき，それに照らし合わせて**仮説**を検証して「支持できるもの」「支持できないもの」と仕分けすることが可能で，その作業を繰り返していけば（完全には到達することができないかもしれないが）真実に近づいていけるとする立場のこと。さらには仮説検証を通じて，観察事象に関する**一般化**ならびに**理論**の構築をめざす。西洋医学が採用する方法で，本書では**社会科学**においても同様の方法が可能としている。西洋医学も実証主義的社会科学もともに「仮説検証と一般化」の前提に立つ。

　同じ**社会科学**のなかでも「自然現象とは異なり，社会現象では実証主義は不可能」という反実証主義の立場を**批判理論**（critical theory の訳語で，た

とえばポストモダニズムやフェミニズム）は採用している。反実証主義の視点に立てば，そもそも客観的なデータというものは存在せず，存在するのは主観に基づく（つまりバイアスに満ちた）社会像のみ。また，**理論**は一種のイデオロギーにすぎず，さらには研究者の価値観から**理論**は影響は受けていないという実証主義の見解にも反対する。たとえば二つの宗教のうち，いずれのものが真実に近いのかデータを集めて**仮説**を検証しようとする作業（たとえば一神教における神の存在証明を求めるもの）は無意味であり，代わりにおのおのの宗教をその教義も含めて総合的に「理解する」ことが反実証主義にとっての研究目的となる。したがって仮説検証にかわって，たとえば**エスノグラフィー**など別のさまざまな分析手法が採用される。

　一般的に言って，21世紀においては実証主義が社会科学の主流を占めている。対して反実証主義はいわば挑戦者の地位にある。古典的マルクス主義が**社会科学**と同義語として扱われていたのは冷戦時代まで。冷戦時代まではマルクス主義が挑戦者の地位にあったが，マルクス主義を奉じていたソ連が冷戦に事実上敗北し（1989年）さらには崩壊（1991年）したことを受けてマルクス主義は下火になった（新しいバージョンである新グラムシ学派などがその伝統を引き継いではいるものの）。

　ちなみに公文書を証拠として採用する外交史研究は実証主義を採用している（しかし**一般化・理論**は受け入れない）。他方，一国家や一民族を言語・歴史・文化・思想（これらは人文学の対象課題）といった面を含めてその政治・経済・社会を「あるがままに理解」しようとする地域研究の立場は**批判理論**のそれと親和性が高い。できるだけ実証主義に基づいて国家や民族の政治を分析し，**一般化**しようとする立場は比較政治学として地域研究から区別されている。

社会科学　複数の**事例**から成り立っている社会現象Xについて，特定の分析手法を採用しつつ，抽象的概念を駆使してその現象Xが持つ（と想定される）なんらかの特性を**推論**しようとする学問。政治学，社会学，経済学，経営学などの分野が通常含まれる。**実証主義**の項目で説明したとおり，実証主義を奉じるタイプのものとそうでないタイプのものが存在する。前者を実証主義的社会科学と本書では呼ぶ。他方，人文学は同じ人間社会を扱うものの，

理論の効用・構築可能性について懐疑的であることが多い。また，日本の大学における法学は，一部の例外はあるものの，社会科学の定義に合致するか定かではない。

事例　個々の事件やできごと，または具体的な現象。

推論　**社会科学**においては，研究対象の属性や因果関係を証拠や理屈を使ってできるだけ正確に特定しようとする知的作業のこと。属性に関する推論を記述的推論，因果関係に関する推論を因果的推論という。

操作化　英語では operationalization。抽象的な**理論**や概念は，そのままでは正しいかどうか仮説検証できない。仮説検証をするには具体的なインディケーターがないと無理だからだ。**理論**や概念をインディケーターにまで分解していく作業を操作化という。たとえば，「経済力が強い国では国民の幸福度が高い傾向にある」という**仮説**を考えてみよう。経済力という抽象的概念はGDP や特許獲得数といったようなインディケーターに操作化できる。また，幸福度のインディケーターとしては自殺者の数や暴動の頻度などが考えられる。そこで，こういったインディケーターを各国について集めたうえで，GDP 数値や特許獲得数が大きい国では，自殺者と暴動の数が少ない傾向があるのかどうか検証するのである。

タ　行——

地域研究　**実証主義**の項目をみよ。英語では area studies という。例外はあるものの，実際の研究対象としての「地域」は一つの言語でくくられる国・民族。たとえば海外の大学で取り組まれている日本研究や中国研究。

調査　情報（データ）を得る作業で，データ収集やサーベイ（survey）ともいわれる。実地調査（現場に行って状況を把握する）や世論調査（電話などを通じて意見を記録する），聞き取り調査（面談での質問を通して事情を知る，インタビューとも言う）などがある。また，歴史的な事件については公文書（政府文書のことでアーカイブと呼ばれる）や学術文献を集めることが調査となろう。前者は一次資料，後者は二次資料と呼ばれる（**文献**の項目をみよ）。こういった文書を集めることを文献調査という。

ディシプリン 英語では discipline，研究対象と方法論によって区別された学問分野のこと。たとえば経済学や社会学。国際学，犯罪学，（公共）政策学といった新たな分野は従来のディシプリンの集合体で学際的（interdisciplinary あるいは multi-disciplinary）なもの。

定性的分析手法 本書では事例研究（ケース・スタディー），つまり少数の**事例**（質的データ）を使って**仮説**を検証していく，**実証主義**に基づく分析手法を指す。同じ少数事例を扱うものの，仮説検証を試みない**エスノグラフィー**も定性的分析手法としてカウントすることもある（たとえば**定量的分析手法**と比較するという文脈において）。実証主義的社会科学における事例研究においては**仮説**を**理論**に結びつけるが，歴史学における事例研究においてはそうではない。

定量的分析手法 大量の数量的データを統計分析する手法のこと。統計学や数学に基づくもので，重回帰分析やコレスポンデンス分析などさまざまな具体的分析法がある。経済学や経営学で多く見られるが，政治学においても投票行動分析や世論調査といった形で長らく使用されてきた。

データ 研究対象となる社会現象に関して客観的に集められた情報を指す。そういった情報には二種類あり，数字で表現できるものを「数量的データ」，数字では表現できないものを「質的データ」とそれぞれ呼ぶ。前者の例としては人口統計や失業率などが挙げられる。対して，質的データは「事例に関する詳細な（そして数字化できない）記述」と言い換えることができるが，具体的には**文献**（とりわけ一次文献）や聞き取り調査の内容などが情報源として使われることが多い。

ハ　行──

批判理論 **実証主義**の項目をみよ。

プロジェクト 計画のこと。ほとんどの場合，時間制限（締め切り）があり，それまでに完成品（研究レポート，工業品製作，美術品制作，法律等々）を仕上げないといけない。時間のほか，予算や人員といった「限られた資源」でプロジェクトが制約されることが多い。こういった限られた資源のもと，

質の高い完成品ができあがればプロジェクトは成功となり，そうでない場合は失敗となる。失敗のパターンは三つある。「質の高い完成品ができたものの資源を使いすぎた場合（たとえば時間を使いすぎで締め切りに間に合わない場合）」「資源を使いすぎることはなかったが，質の低い完成品しかできなかった場合」「資源を使いすぎてしまい，そしてできあがった完成品は質の低いものという場合」。

文献　文書や書物のことであるが，最近はインターネット上のものも含む。政府文書や個人の日記などは一次文献（あるいは一次資料）と呼ばれ，それらを使って書かれた文献を二次文献（二次資料）という。二次文献のうち，大学教授などの研究者によって執筆された本や論文は学術文献と呼ばれる。あるテーマについて研究を始める際，それについてすでに発表されている学術文献のことを先行研究という。学術文献のうち学術論文は学術団体が主催する学術雑誌（ジャーナルと呼ばれることもある。たとえば経済学のジャーナル）や，各大学の学部が発行する紀要に掲載される。学術雑誌においては投稿される原稿を覆面レフリー制度によって吟味し，合格となったものを掲載することが多い。このプロセスを査読という。文献という言葉は複数の文書を一つの集合体として指すこともあれば，個々の文書を指すこともある。混乱を避けるため，本書では「文書の集合体」を文献，一つの文書を文献アイテムとそれぞれ呼ぶこととする。

分析　本書では**論証**と**実証**のいずれか，あるいは双方を指す。分析のやり方に関する議論を方法論という。分析方法，分析手法，方法論，仮説検証方法は互いにほぼ同じ意味で使われることが多く，本書でもそれに従う。

ラ　行──

理論　抽象的概念で構成される世界観・社会観（あるいはその一部）。世界や社会が何によってどのように構成されているか（作り上げられているのか），そして世界や社会にはどういった因果関係（仕組み）が潜んでいるのかといった抽象的な考えから成り立っている。そういった構成や仕組みに関する抽象論はさまざまな前提や条件を伴っている。これらすべてを含む一つの思想

体系が理論と言い換えることもできる。一つの理論からさまざまな具体的な**仮説**が条件つきで導き出される（これを**操作化**という）。逆からみれば**仮説**の集合体が理論と言えなくもないし，そう捉えても差し支えないときもある（この点については理論専門家の間で論争がある）。**実証主義**に基づく社会科学研究では，なるべく広範囲の事例を説明できる理論の構築をめざす傾向が強い。

論証 論理の一貫性（矛盾がないこと）や明確性（曖昧な概念がないこと，さらには議論のつながりにおいて曖昧さがないこと）を吟味して，議論や**仮説**の説得力を判断する作業。これらの作業では客観的な**データ**を証拠として使用しない。**実証**と比較せよ。

2 因果分析の基礎知識

　因果分析の「出発点ともいうべき基礎」を，定性的分析手法の観点から初学者むけに三点解説する。基礎的な因果関係パターンの説明が第一のもの。ここでは経路依存性（path dependence）やクリティカル・ジャンクチャー（critical juncture）といった上級者むけの分析問題は省く。つぎに「よくある間違い」を日常生活の例を使って述べていく。最後に，定性的分析手法（事例研究）の具体的な技法を三つ簡単に紹介する。適宜，参考文献も記しておく。定量的分析手法に関しては入門書が多くあるので割愛した。定性的分析手法・定量的分析手法ともに奥が深いが，実証主義的社会科学ではどちらも必須。それらは料理人にとってのさまざまな調理法に相当するといえよう。アナタもぜひ取り組んでいただきたい。

1　一般的なパターン例

　ここでは四種類の型を紹介する。基本形，媒介変数のある場合，二つの相互に独立した原因がある場合，真の独立変数がある場合，の四つである。

1）基本形

　まずは基本形。上の図にあるようにX（原因）がY（結果）を「なんらかの因果メカニズム」を通じてもたらすというもの。専門用語では，Xを独立

変数，Yを従属変数とそれぞれ呼ぶ。変数という名前のとおり値が変わる。たとえばXは光の量，Yはバラの成長率。光量・成長率，いずれも変化する。他方，変化しないものは定数と呼ばれる。Y＝aX＋bの数式でいえばbが定数だ。

　では，どんな現象を実際に確認できれば，XとYの間に因果関係があると推論できるだろうか。それは次の二つのうちどちらかを確認できればよい。

(1) Xの値が変化すると（ある程度の時間のあと，想定した方向に）Yの値に変化が生じる。

$$\triangle X \ \rightarrow \ \triangle Y$$

ここでの△は変化した量を示している。上の例を続ければ「光の量Xが増えればバラの成長率Yも上がる」という関係。ここでの因果メカニズムは光合成メカニズムである。社会現象の例であれば，「一人あたりのGDP（X）が上昇すれば平均寿命（Y）が高くなる」というものが指摘できよう。因果メカニズムは「一人あたりの栄養価（食品）の向上や医療制度の拡充」といったものが考えられる。

$$\triangle X \ \blacksquare\,\text{-}\,\blacksquare\,\text{-}\,\blacksquare\,\text{-}\,\blacksquare\,\text{-}\,\blacksquare\blacktriangleright \ \triangle Y$$

「一人あたりの
GDP」が上昇

「平均寿命」
の上昇

(2) Xの値が二つ以上あって（例：性別，階位），これらの値が異なると想定したようにYの値がXの値と対応する。

$$X_1 \ \rightarrow \ Y_1$$
$$X_2 \ \rightarrow \ Y_2$$

2 因果分析の基礎知識

次の仮想例を見てみよう。Xが工業化の時期，Yが国民経済に対する政府の介入度だ。仮説は「ヨーロッパ近代史において，工業化の時期が遅ければ遅いほど，政府介入の度合いは高くなる」という比較政治学のものである。想定されている因果メカニズムは「工業化の時期が遅れれば，その分，工業化を先に成し遂げた国々に競争を挑むことになる。後発国がそういった競争に勝っていくためには，政府が国民経済を高い関税で保護したり強力な産業援助政策を打ち出したりすることが必要だから」というもの。

いま，仮に工業化の時期を早期，中期，後期に分けるとしよう。調べてみた結果，イギリスが早期，フランスが中期，ドイツが後期に振り分けられた。つぎに，政府介入度のインディケーターを複数（例：政府から民間企業への融資）を決めて，低度介入，中度介入，高度介入の三カテゴリーを定めた。そのうえで英仏独三国それぞれにおいて政府介入度を計測したのである。その結果，次の因果関係が確認でき，仮説が支持された。

工業化の時期　X　━・➡　政府介入度　Y

イギリス	X_1	早期	→	Y_1	低度
フランス	X_2	中期	→	Y_2	中度
ドイツ	X_3	後期	→	Y_3	高度

以上の（1）か（2），いずれかが確認できれば因果関係が成立していると推論できる。ではどういった時に想定していた因果関係が不成立となるのであろうか。以下のうち一つでもあてはまれば不成立となる。

(a) Xの値もYの値も変化しない。つまり双方とも定数。

(b) Xの値が変化してもYの値は変化しない。つまりYが定数。

(c) Xの値は変化しなくてもYの値が変化する。つまりXが定数。

(d) 変化のタイミングにおいて，YがXよりも先に変化する（Yが原因でXが結果の可能性が生じる）。

(e) Xが変化するとYも変化するようにみえる（これを相関関係という）が，因果メカニズムがはっきりしない。この因果メカニズムが判明しないと因果関係があるとは推論できない。相関関係が起こる原因は以下の二つが考えられる。

- XとYの相関関係は偶然のたまもので，両者の間には必然的な因果関係がない。
- XとYに同時に影響を与えるZが存在する（Zが見落とされている）。Zこそがを引き起こす真の原因。

(f) 上の（1）において，Xの値が変化したとき，想定していたのとは別の方向にYの値が変化する（別の因果関係がある可能性がある）。たとえば上の例である「一人あたりのGDPが上昇すれば平均寿命が高くなる」という仮説をみてみよう。いま，一人あたりのGDP値がある段階を超えれば「一人あたりのGDPが上昇すれば，平均寿命が短くなる」と判明したとする（因果関係は「収入が上がれば肥満度が上がる」というもの）。その場合，「ある段階」のあとでは最初の仮説が成立しない。

(g) 上の（2）において，Xの値が二つ以上あるが，それぞれの値はあらかじめ想定していたようなYの値と結びつかない。たとえば，上の英仏独三国の例において，先発工業国であるイギリスにおいて政府介入度が高度である一方，後発工業国ドイツでは政府介入度が低度と判明すれば想定されていた仮説は却下される。

(h) X → Yだと想定されていた因果関係が実は逆の Y → Xであった場合。この状況を専門用語では内生性という。

2 因果分析の基礎知識

2) 媒介変数がある場合

つぎに媒介変数がある場合である。このパターンでは，前項で説明した基本形が二組つながっている。上の図を見てほしい。Wが二つの基本形を結ぶリンクとなっており，媒介変数と呼ばれる。XがWを引き起こし，WがYを引き起こすという形である。媒介変数が複数あるケースも実際には存在するかもしれないが，ここでは説明を簡単にするため一つに限定することとする。

例を挙げよう。Xが所得，それにYが寿命の因果関係である。それらを取り持つ一つの媒介変数Wは食事の栄養価だ。いま，Xの値を低所得，Yの値を短命とするなら，Wの値は栄養価の低い食生活となる。つまり貧困層は裕福層と比べて「単価あたり量が多い，しかし栄養価の低いファストフード中心の食生活」を送る傾向が強い（北米ではそう言われている）。そして，ファストフードは高脂質・高塩分・低ビタミンで健康には良くないので，そのとりすぎは心臓麻痺などの病状を引き起こし短命につながるというわけである。

Xの値が高所得であればどうなるであろうか。対応するWの値は栄養価の高い食生活となる（新鮮な生野菜や加工されていない肉や魚は高額）。そういった食生活は当然健康的なものであり，長寿につながる。

以上の因果関係を図で表せば以下のようになろう。X所得レベルが寿命の遠因と表現することもできる。もちろん，$\triangle X \rightarrow \triangle W \rightarrow \triangle Y$ という形での表現も可能だ。

X ━━━▶ W ━━━▶ Y
所得　　　　　　食事の栄養価　　　　寿命
X_1 低い　　　W_1 低い　　　　Y_1 短い
X_2 高い　　　W_2 高い　　　　Y_2 長い

もしこの因果関係を実証的に確認できれば，その政策的含意（つまり政策にとって意味するもの）は大きい。政府としては，貧困そのものはすぐに解決できないであろう。しかし，たとえば無償の給食制度を小・中学校に普及させることにより，W（食事の栄養価）を少しでも改善することは政府の政策として可能である。そうすれば平均寿命を長期的に上げていく小さな一歩となるであろう。

3) 二つの相互に独立した原因がある場合

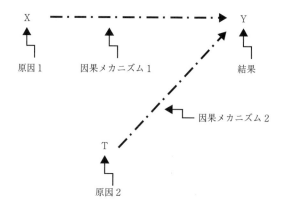

つぎは相互に独立した原因がある場合である。この場合，上の図に示したように，結果であるYが二つの原因XとTとによって同時に影響を受けている。XとTとの間には因果関係はない。XがYに与える影響とTがYに与える影響は，それぞれ強さが異なるかもしれない。たとえば前者のほうが強ければ，TよりもXのほうがより重要な原因となる。あるいは，因果メカニズム1と因果メカニズム2とは別のタイプのメカニズムかもしれない。たとえば，前者は長期的ないしは間接的な性質のもので，後者は短期的ないしは直接的な性質のものといった具合だ。ここでは二本の因果関係を示しているが，実際には三本以上の因果関係があるかもしれない。つまり三つ以上の原因が同時に同じ結果をもたらしているという状況である。

2 因果分析の基礎知識　177

「日本の奇跡」に関する例を挙げてみよう。1960年代の日本は工業化を推し進め，当時としては記録破りであった年間GNP成長率10パーセントを達成した（当時はGDPではなくてGDPに貿易収支を加えたGNPが指標として使われていた）。その結果，ドイツを追い抜き（資本主義国家群のなかで）GNP第二位の地位に上り詰めたのであった（一位はアメリカ）。この急速な経済成長は当時，「日本の奇跡」と呼ばれた。

これを受けて，社会科学者の間では「なぜ日本は急速な経済成長，それも工業化による成長をなし遂げることができたのか」という謎について論争が沸き起こったのである。日本の経済力がピークに達したのは1980年代だが，この論争も同時期にピークに達した。この謎に対して提出された三つの答えを代表例として見てみよう（それぞれ大幅に単純化されていることをあらかじめ断っておく）。

まず，経営学では日本企業独特の雇用制度（終身雇用や年功序列など）やさらには企業間の系列システムが長期的計画を可能にするメカニズムとして注目された。これらこそが高度経済成長のカギだというわけである。この議論に「だから日本文化は特殊だ，欧米諸国とは異なるのだ」という日本人論をつなげる傾向もちらほら見られた。

他方，政治学者たちは通商産業省（現在の経済産業省の前身）の役割を強調した。産業保護政策や産業育成政策を策定・実施したり，さらには細かい行政指導を産業界に対して実施することにより，通商産業省が日本の工業界に対して長期的なリーダーシップを発揮した結果こそが高度経済成長なのだ，という見解である。

企業の仕組みであれ政府の役割であれ，こういった「日本の独自性」を強調する説明に懐疑的であったのが経済学者たちである。経済学によれば経済成長は日本でも他の国でも同じメカニズムで説明できる。つまるところ，潤沢な資本（高い貯蓄率）と豊富な労働力（生産人口），それに技術へのアクセス（アメリカからの技術提供）という三要素がうまくそろったのが高度成長期の日本だったというのが，経済学からの答えであった。

以上の三つの因果関係論を図で記せば，次のようになる。

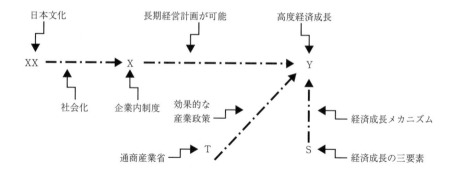

　XX，X，Yと流れる因果関係が経営学のもの。Xが企業内制度であるが，日本人論を展開していた者たちが主張した日本文化をXXとして加えた。XXとXをつなぐ因果関係は社会学で社会化（社会の文化や行動様式を学んでいく過程）と呼ばれるものだ。この場合，日本文化が真の原因で，企業内制度が媒介変数というわけである。他方，TからYに流れる因果関係が政治学のもの，それにSからYに流れる因果関係が経済学のものである。

　論争が高まるにつれて，おのおのの因果関係論がさまざまな方法で吟味されていった。一例を挙げてみよう。通商産業省の役割に関して，上述した1)「基本形」の項の (g) が試された。すなわち，もし通商産業省の役割が決定的であったというのならば，通商産業省の援助がなかった産業・企業では経済成長が芳しくなかったはずである。この確認をしようというわけだ。以下でこの点を説明しよう。

T_1　通商産業省の援助あり　→　Y_1　産業・企業は早い成長
T_2　通商産業省の援助なし　→　Y_2　産業・企業は遅い成長

　これまでは，T_1 → Y_1のみ注目されてきたが，T_2 → Y_2は確認されてこなかった。後者の因果関係が確認できるまでは，T → Yという因果関係は成立しない，という理屈である。そこで，通商産業省の援助がなかったにもかかわらず著しい成長を遂げた産業や企業があったのかどうか，実際に調査された。そして，そういった事例が見つかったのである。この結果，従来主張さ

れてきた通商産業省の役割になんらかの条件を付けなくてはならなくなったのだ。

4) 真の独立変数がある場合

一見原因に見えるものが直接の原因ではなく，だからといって媒介変数があるわけでもなく，それとは別に，「真の独立変数」が存在するケースがある。次の図をみてほしい。これは上の3)「二つの相互に独立した原因がある場合」のところで最初に示した図を変えたものである。

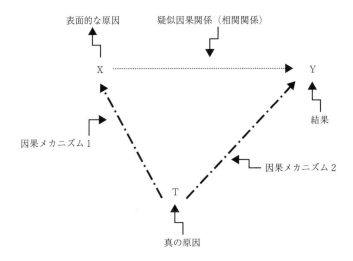

本来，XとTが原因と思われていたが，実はXは表面的な原因で真の原因ではなく，そしてX → Yと想定されていた因果関係は実は相関関係（XとYとの間に因果関係があるようにみえるが，実は因果メカニズムが存在しない状況，つまり疑似因果関係）であることをこの図は示している。一見因果関係があるように見えたXとYであるが，その理由はTが真の，そして唯一の原因で，それがXとYに同時に影響を与えているからだ。この図を応用する形でXとYとの間の相関関係を「弱い因果関係」としてもよい。その場合，因果メカニズム1と2が「強い因果関係」となる。

例として「日本の奇跡」の話を続けよう。表面的な原因 X はつまるところ日本の国内要因（経営学，政治学，経済学の議論もすべて国内要因に注目したもの）であり，真の原因 T はアメリカの対日方針とする議論がこの図にあてはまる。その場合，因果メカニズム 1 は対日技術供給となる。アメリカ発の技術を日本は輸入し，その技術を改良することで日本の輸出産業が発達したからである。アメリカが対日技術輸出を許さなかったならば，いくら国内要因があったとしても日本の高度成長は無理だったという議論だ。

他方，アメリカの対日外交が因果メカニズム 2 をなす。まず，輸出市場としてのアメリカ市場をアメリカ政府が（さまざまな輸入規制措置を実施したものの）大幅に閉ざさなかった結果，アメリカが日本にとっての最大輸出国である状況が続いたのである。くわえて，アメリカは軍事力による保護を日本に提供することにより，日本は軽軍備ですみ民間経済にその資源を集中することができた，というわけだ。もし仮に広大なアメリカ市場も，アメリカの軍事的保護もなかったならば，日本の経済成長率はより低いものだったであろうという理屈である。

要するに「日本国内の要因が高度経済成長にもたらした影響は否定できないものの，より大きな原因であるアメリカの政策，つまり技術提供と友好的な対日外交政策を忘れてはならない」ということとなる。

5） ま と め

以上，因果関係の一般的なパターン例を四種類解説してきた。これらを組み合わせたものや，より複雑化したもの（たとえば媒介変数が多くあるケース）もありうるが，まずは以上の基本を押さえてほしい。

参考文献

久米郁男『原因を推論する——政治分析方法論のすすめ』有斐閣，2013 年。

スティーブン・ヴァン・エヴェラ（野口和彦・渡辺紫乃訳）『政治学のリサーチ・メソッド』勁草書房，2009 年。

2 よくある間違い

ここでは初学者がよく犯す二種類の間違いを，日常生活の例を引き合いに出しながら説明しよう。

1) 「見逃された変数」にまつわる間違い

前節の3)「二つの相互に独立した原因がある場合」にある最初の図をみてほしい。因果メカニズム1に注目するあまり，因果メカニズム2を見逃してしまう——つまりYを説明するのにXばかりに注目し，Tを無視あるいは軽視してしまう——という間違いが起こりうる。その場合，Tを「見逃された変数」という。

たとえば，とある上司が失敗ばかりしている部下をみて「根性が足りん！」と憤慨している場面を想像してほしい。上司は部下の心の持ちようをXと想定している。やる気が増えれば（Xの値が上がれば），仕事の結果（Y）は失敗から成功に変わるはずと想定しているのである。なので，別の部下にやらせてみる。これまた成果が出ない。「こいつも根性が足りん！」とまたまた上司は憤慨する……。

この場合，見逃された変数Tとして考えられる一つの可能性は，部下を取り巻く物質的環境（たとえば予算が足りない状況）である。つまり，いくらやる気がある部下が担当しても，貧しい物質的環境が原因で成果が出ないのだ。真に賢い上司はTの可能性を認識し，物質的環境の改善をはかるはずである。そうでない上司は「見逃された変数」の罠に陥っており，指導者としては失格であろう。

2) Xの値を変化させない間違い

これも似たような間違いである。すでに指摘したとおり，XがYの原因であると判断するには，Xの値は二つ以上あるか変わらないといけない。ところがXの値が一つないしは変わらない状況のみでもって「XがYを生じさせている」と誤認してしまうという失敗である。

たとえば，いま，男性複数人を観察して，共通の行動〇〇を見つけたとしよう。そして「男性は〇〇をするものだ」と結論づけたとする。女性も観察しないとこの結論は確定しないにもかかわらず！　つまり，女性複数人を観察して「〇〇をしなかった」ということが確認できなければ，「男性は〇〇するものだ，女性は〇〇しない」とは言いきれないのである。もし，女性も〇〇をしているのであれば，男性・女性にかかわらず人々は〇〇をしているのであり，性別は〇〇の原因ではないことになる。その場合，別の原因 T が〇〇の真の原因であろう。

言い換えれば，性別が X で〇〇行為が Y と想定されているならば，X_1（男性）だけではなくて X_2（女性）も調べなければならない。つまり，X の値を変化させないといけない。以下の二つのうち一つのみではなく，両方とも確立させなければ，この因果関係は証明できないのである。

$$X_1\ 男性 \rightarrow Y_1\ 〇〇行為あり$$
$$X_2\ 女性 \rightarrow Y_2\ 〇〇行為なし$$

この応用版を一つ。戦争の原因を探求する際，戦争が実際に起こった事例のみを調べて原因候補 A を特定しても，それは男性のみを調べるのと同じ。女性を調べないといけないのと同様，戦争が起こらなかった事例も調べないといけない。図式で表せば次のようになる。

$$X_1\ 原因候補 A あり \rightarrow Y_1\ 戦争勃発$$
$$X_2\ 原因候補 A なし \rightarrow Y_2\ 戦争回避$$

3　事例研究における仮説検証の三技法

事例を使った定性的研究（ここでは因果研究を指す）では三つの主要な技法が知られている。以下，順に説明していこう。

2 因果分析の基礎知識 183

1) 一致手続き法

一致手続き法とは，「とある状況において○○理論が正しければ，△△政策という結果が出てきたはずである」「他方，同じ状況であるものの□□理論が正しければ，そうではなくて▽▽政策という結果が出てきたはずである」といったような仮説を検証する方法。実際に起こった政策が△△政策なのか▽▽政策なのかデータを集めて調べた結果，前者が見つかれば○○理論，後者が見つかれば□□理論がそれぞれ支持されることとなる。

たとえば，第一次世界大戦前後のある論争を見てみよう。いずれの国内制度が平和的か，あるいは好戦的かという点に対する古典的マルクス主義と古典的自由主義との間の論争である。マルクス主義からすれば「資本主義国家は植民地主義に走り好戦的であり，計画経済を採用する社会主義国はそうではなく平和的である」というわけだ。対して，自由主義は「イギリスのような資本主義が十分に発展した国家は，民主主義を伴っており，進歩的・平和的だ」という。そして，十分に資本主義が発達していない，そして民主化が遅れているドイツや日本といったような国こそが好戦的というのだ。なぜか。ドイツのユンカー（Junker，東部ドイツの地主貴族で，18世紀のプロイセン軍で将校の大半をユンカー出身者が占めた）や日本の武士階級といった「戦闘文化を奉じる，封建時代からの残存勢力」の存在がその理由である。

マルクス主義と自由主義の意見が対立しているのは資本主義・民主主義国家に関する予測である。*BOX7-5*の言葉でいえば対決事例だ。この事例において「マルクス主義理論が正しければ，資本主義・民主主義国家では好戦的な外交政策という結果が出るはず」，「自由主義理論が正しければそうではなく平和的な外交政策という結果が出るはず」と対比できる。そこで年代を区切って，資本主義・民主主義国家に関する外交行動の情報を集め，いずれの予測がよりデータに近いのか判断することとなる。

2) 過程追跡法

一致手続き法が「政策という結果」に注目するのに対して，過程追跡法は「その結果が出てくる組織内における過程」に注目する。そういった組織内過程には一致手続き法は関心がなく，出てきた結果のみ取り扱う。たとえば，あ

る政策が結果として出てきたとしよう。そこで「○○理論が正しければ，結果にいたる過程においてP現象ならびにQ現象が起こっていたはずである」「他方，□□理論が正しければ，そうではなくてR現象ならびにS現象が結果にいたる過程で生じていたはずである」という二つの仮説を実際の「結果にいたる過程」に関するデータに基づいて検証するのが過程追跡法なのだ。PとQが発見されれば○○理論，RとSが発見されれば□□理論がそれぞれ支持されることとなる。

　例として，第3章第1節の「A1　一つの具体的事例の原因を解く謎解き」【理論に基づく推論の例】のところをいま一度読んでほしい。そこでは筆者が日独伊三国同盟締結の際に日本側が持っていた動機を過程追跡法でもって検証したことが報告されている。

3)　反実仮想法

　実際に存在するさまざまな客観的状況を踏まえつつ，「もしXがなければ（Xが変化しなければ）Yは起こらないか（Yは変化しないか）どうか」という空想実験を試みるのが反実仮想法。「XがなければYは起こらないだろう」と結論が出れば，それはXがYの原因であろうという判断を示す。逆に「Xがない場合でもYは起こりうる」という判断が下れば，XはYの原因ではないということになる。ここではX以外のものをこの空想実験では変化させないことが必須。空想実験なので少々ややこしい。

　たとえば「指導者△がいなければ，あるいは指導者が別の人物だったならば，戦争□は起こらなかっただろうか」と問う。そこで史料を読みこんで，自分なりに空想実験を試みるのである。いま，仮に「指導者が△でなくて別の人物であれば，戦争□は起こらなかったであろう」という判断にたどり着いたとしよう。その場合，「ということは，指導者が△だったからこそ，戦争□が起こったのだ」ということになり，指導者が戦争□の原因であった（指導者△が戦争勃発の責任者）という結論になる。このロジックがポイントだ。つまり以下の図のようになる。

$$X \qquad \rightarrow \qquad Y$$

指導者 　　　　　　　　戦争

X_1 指導者△ 　　　　　Y_1 戦争□勃発

X_2 別の指導者 　　　　Y_2 戦争□勃発せず

　逆に「別の指導者でも戦争□は勃発していた可能性が非常に高い」という判断は，「指導者とは別の原因で戦争□は起こった」という議論と同じである。つまり上図でいえば，X とは別の原因こそが Y の真の原因であって，X → Y は成立しないこととなる。

参考文献

川﨑剛『社会科学としての日本外交研究──理論と歴史の統合をめざして』ミネルヴァ書房 2015 年，第 2 章。

今野茂充「反実仮想と安全保障研究──1914 年 7 月危機についての思考実験」『国際安全保障』第 51 巻第 3 号（2023 年 12 月）69-89 頁。

3 概念分析の基礎知識

社会科学における因果分析は定性的手法・定量的手法ともに，その歴史は長い。日本語でも教科書や参考書が数多い。対照的に，概念分析（concept analysis）が発展してきたのは比較的最近である。日本語で良い教科書は管見の限り存在しないので，ここでは，参考文献に挙げたゲイリー・ガーツの議論を参考にしながら，定性的手法の立場から概念分析の基礎を平易な言葉で説明していく。説明する範囲は初学者むけのものにとどめるのと同時に，定量的手法による概念分析は基本的に対象外とすることをあらかじめ断っておく。

1 基本枠組み

1) 概念分析の対象

まず，属性分析（第2章第6節）とは異なり，概念分析は概念そのものを分析対象とする。ここでいう概念とは，より詳しくいえば「一般的社会現象・状況を描写する抽象的概念」であり，次のようなものにほぼ限られる。

- 存在するが目に見えない現象・状況を表現するもの。
- 定義しようとしても，定義の具体的内容がわかりづらいもの。
- 数量化・尺度化・計測が一見して難しいもの。

たとえば次のような概念である。

　　社会構造，国際秩序，ファシズム，新植民地主義，総合安全保障

対して，概念分析の一般的対象にならないものは以下のものだ。

3 概念分析の基礎知識 187

- 具現的なもの。
- 定義ができて，その定義の具体的内容が明確なもの。
- 数量化・尺度化・計測が一見して可能なもの。

このカテゴリーには次のようなものが含まれる。

> 日本，米ソ冷戦，GDP，景気動向，1929 年の大恐慌，平和，滋賀県，織田信長，自動車産業，国民世論，組織風土，世界政治観，県民性，ソーシャル・キャピタル，犯罪（性）

たとえば「日本とは何か」「米ソ冷戦とは何だったのか」「GDP とは何か」「織田信長とは誰だったのか」といったような謎は概念分析では取り扱わない。これらは定義ができるからだ。したがって，こういったタイプの謎は概念分析からは外す。

　平和も常識的に考えて「戦争がない状態」と明確な定義が可能である。「戦後日本は平和を享受した」という表現にみられるように。よって概念分析の範囲外に置く。実際，平和という概念について後述するような「概念の分解図」を作成することは（プロは別にして）至難であろう。

　また，組織風土，世界政治観，県民性，ソーシャル・キャピタルはおのおのすでに数量化・尺度化がさまざまな先行研究によってなされている。こういった場合は属性分析の対象となる。たとえば「企業 Y の組織風土はどのようなものか」「指導者 P の持っていた世界政治観はどのようなものか」「X 県民の県民性はどのようなものか」といった謎にはそれぞれ組織風土，世界政治観，県民性を測る手法（定量的手法も含む）がすでに存在するので，それらを使って謎解きを試みることとなる。別の言い方をすれば，概念分析を行う前にそういった計測枠組みが存在するのか否か確認するとよい。存在すれば属性分析が可能である。

　同様の点は犯罪（性）の概念にもあてはまる。「事件 X において犯罪は起こったのか」といった謎を考えてみよう。「何をもってして犯罪とするのか」という犯罪（性）に関する基準は，刑法学において構成要件としてすでに確立さ

れている。したがって事件Xに構成要件を照らし合わせることにより、この謎を解くのが基本方針となる。

2) 概念分析の基本

概念分析の基本は、とある概念を分解していき最終的にはインディケーターを提出することである。この際、スタート地点である概念（基本概念, basic concept）を構成する複数の二次概念（secondary concepts）をまずは確定する。そして個々の二次概念をさらに細かな複数のインディケーター（三次概念, tertiary concepts）に分解していくのだ。第1章第1節での表現を使えばこれが操作化にあたり、インディケーターが実証において実際に使われることとなる。この過程で、インディケーターから「逆算方式」で二次概念を構築していくこともある（後述）。いずれにせよ、こういった基本概念、二次概念、インディケーターの三層からなる「概念の分解図」（筆者の造語）を完成させることが概念分析の目標といえよう（図8-1をみよ、ただしインディケーターの数は三とは限らないことに注意）。

図8-1にあるように一つのインディケーターは一つの二次概念のみに対応していることに注意されたい。

図8-1 概念の分解図

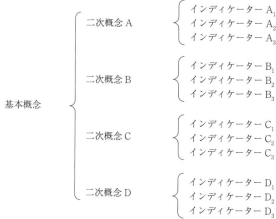

3 概念分析の基礎知識　　　　　　**189**

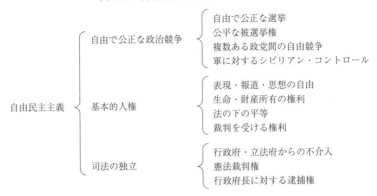

図8-2 「自由民主主義」概念の分解図

　たとえば，政治学者のなかでほぼ確立している自由民主主義の概念を使ってこの図を説明してみよう。「自由民主主義とは何か」の謎を解くには，図8-2のような「概念の分解図」を完成させることが正解となる。自由民主主義の場合，二次概念は示されたような三つとなる。図8-2にあるインディケーターは例にすぎない。不正解は，示されている三つ以外の二次概念が入っていたり，二次概念が二つ以下といったような場合である。

3) 必要条件モデルと家族構成モデル

　自由民主主義という概念では三つある二次概念が「必要で，かつ十分」となっている。こういった設定を**必要条件モデル**と呼ぼう。「あるべき二次概念すべてがそろわないといけない」モデルである。たとえば，日本，カナダ，アメリカは皆，自由民主主義国家（基本概念）である。この場合，日加米の三国はそれぞれ「自由で公正な政治競争」「基本的人権」「司法の独立」という必要かつ十分な三大条件（二次概念）を満たしており，これらの条件はさまざまな形で具現化されている（インディケーター）。

　実は，別のモデルも存在する。それは**家族構成モデル**だ。家族全員が全く同じ要素を共有しているというわけではない。たとえば血縁関係にある兄弟姉妹の間でも「お父さん似」のものもいれば「お母さん似」のものもいよう。

　社会科学においては，福祉国家の概念が家族構成モデルの好例である。すべ

ての福祉国家が同じセットの二次概念やインディケーターを持っているわけではない。ここでも日本，カナダ，アメリカの三国を見てみよう。まず，公的な健康保険制度が日本とカナダでは存在するがアメリカでは存在しない（アメリカでは健康保険は民間企業でまかなわれている）。また日本・アメリカと異なり，カナダでは病院は基本的にすべて公立病院のみで私立病院はない。他方，日本で介護保険といわれるものはカナダ・アメリカでは存在しない。こういった違いは「政府はいかなる社会福祉分野においてその公的責任を果たすべきか」という点に関して見解が異なることから発生しているわけである。しかし同時に，これら三国はすべて「国民の社会福祉増進に政府が積極的な責任を持つ国家」つまり福祉国家とされている。言い換えれば「政府が責任を持つ具体的な社会福祉分野」に関する二次概念が複数あって，三か国の間で完全一致していないのだ。そして，二次概念の組み合わせは異なるものの，それぞれの国内で各種の具体的政策（つまりインディケーター）が実施されている。

　以上の議論から，「抽象的な Z 現象（たとえば自由民主主義，福祉国家）はいったい何なのか」という謎は「Z 現象を基本概念と捉えると，いかなる二次概念とインディケーターに分解できるのか」という謎に置き換えることが可能と理解できよう。そして二次概念の分解パターンとしては必要条件モデルと家族構成モデルの二つがあるというわけだ。

4） 二次概念が分析のカギ

　以上の説明を踏まえれば，「抽象的な Z 現象は何なのか」＝「Z 現象を基本概念と捉えると，いかなる二次概念とインディケーターに分解できるのか」という謎に対する正解はつまるところ「正しい二次概念（とそれに付随するインディケーター）のリスト」ということになる。同時に論争とは「いかなる二次概念リストが正しいのか」に関する意見の食い違いだと理解できよう。

　「基本概念　→　二次概念　→　インディケーター」という分解作業のなかで，なかなか難しいのは二次概念を引き出すことである。一般的に言って四種類の手段がある。これらを組み合わせることが望ましい。

　【インディケーターから逆算する方法】　ひとくくりにできそうな数々のイン

ディケーターを集め，抽象概念を使いつつこれらを組み合わせていく。いわば
ボトムアップ方式。自由民主主義の例を振り返ってみよう。報道の自由，職業
選択の自由，黙秘権の行使，といった事例を組み合わせていき，共通の枠組み
である基本的人権という二次概念に到達するというのがここでいう逆算する方
法である。

【似たものを比較する方法】　二次概念を探る際に「一見すれば似たような具
体的現象であるが，そうではないもの」を考えていくという作戦。たとえば
「自由民主主義と似ているが自由民主主義ではない政治体制」を取り上げる
（たとえば現代のロシアのように，選挙でリーダーが選ばれているものの，国
民の自由が大幅に制限されている政治体制）。こういった政治体制と自由民主
主義体制とを比較すれば「国民の自由が保障されていること」が自由民主主義
を構成する一要素であることがわかる。こういった作業を繰り返す。

【正反対の概念と比較する方法】　まず基本概念と正反対の概念を想定する。
たとえば自由民主主義の正反対は全体主義であるが，北朝鮮が全体主義体制の
一例として知られている。それと自由民主主義体制（たとえば現在の日本）と
を比べれば「自由で公正な政治競争」「基本的人権」「司法の独立」という具合
に自由民主主義の構成要素（北朝鮮ではこれらが存在しない）が判明する。

【なんらかの権威に頼る方法】　これまで例として取り上げてきた自由民主主
義や福祉国家という概念は，双方ともに通念上確立されている。いわば「通
念」という権威に頼っているといえよう。その他，有名で広く使われている○
○辞典，大家による学術出版物（つまり先行研究），最高裁判所の決定，国際
連合が採択した△△条約といったような権威に頼ることもあろう。そういった
場合，「○○辞典によると自由民主主義の二次概念は……」といったような表
現をとることとなる。

192 社会科学の基本を知るための付録

2 練習問題

練習として，アナタ自身，次の二つの概念を分解してほしい。一つは「公害」という概念で，もう一つは「人権問題」である。

1) 公　害

公害という言葉をアナタは聞いたことがあるだろうか。21世紀に入ってあまり聞かなくなった。現在の言葉でいえば，おおよそ環境汚染にあたる。工業化を伴う高度成長期の時期，公害という言葉は日本でよく使われた。この言葉，直感的にはわかりにくい。まず「公（おおやけ）の害」なので環境に直接関連していない。また，英語に直訳してもピンとこない（"public hazard" といわれても，よくわからない）。権威ある辞書，『広辞苑』には次のように書かれている（第二版，1972年，729頁，下線は付け加えた）。

　　私企業並びに公企業の活動によって地域住民のこうむる人為災害。煤煙・有毒ガスによる大気汚染，排水・廃液による河川汚濁，地下水の大量採取による地盤沈下，機械の騒音など。

下線部が定義で，それより後に挙げられているのは本書でいうところの二次概念にあたる。文末に「など」とあるので，その他の二次概念もありうるだろう。インディケーターは示されていないが，たとえば「排水・廃液による河川汚濁」の実例として水俣病（熊本県水俣湾）やイタイイタイ病（富山県神通川下流域）が挙げられる。「公害」という言葉は時代を反映しているので，気候変動（二酸化炭素問題）や漁業資源枯渇問題といった21世紀の問題は含まれていない。

アナタにとっての練習問題は公害に関する「概念の分解図」を完成すること。基本的な作業ステップは次のとおり。まず，時代区分を定め，公害に関する過去のさまざまな記録（たとえば新聞紙上で報道されたもの）をあたって公害の具体的事例（上の例では水俣病）を体系的に集める。これらがインディケータ

3 概念分析の基礎知識　193

ーにあたる。つぎにインディケーターをグループ分けする。たとえば水質汚染
といったグループができる。これらのグループが二次概念にあたる。「概念の
分解図」の第一版ができたのち，改訂を経て最終版を完成させる。

　この過程において，さらに三つの作業が欠かせない。第一に必要条件モデル，
家族構成モデルのいずれを採用するのか決めること。第二に前節で述べた「似
たものを比較する」といったような方法を採用すること。たとえば「公害のよ
うで公害でない」二次概念を探るとよい。産業廃棄物を含むゴミ処理問題，
「日照権問題」（新しいビルが建つと影ができ，それまで享受していた太陽の光
があたらなくなるという問題）等が候補であろう。さらには今日よく聞く
SDGs（持続可能な開発目標）の一部と比較するのもよい。第三に，完成した
「概念の分解図」をもとにして，アナタ自身で公害の定義を書き上げることだ。
アナタによる定義が『広辞苑』のものと異なっても全く問題ない。たとえば，
当時問題とされた自動車排気ガスも大気汚染の一大原因であったが「私企業並
びに公企業の活動」によるものではなかった。公害は「環境汚染」なのか，あ
るいは「環境破壊」なのかといったことも考察に値しよう。ここでも「似たも
のを比較する方法」や「正反対の概念と比較する方法」を使ってほしい。

　この練習問題をアナタの友人も完了したとしよう。お互いに「概念の分解
図」を突き合わせてみるのである。違いがあれば，それが論争となる。そうな
れば「正解 VS 対抗する答え」を含むリサーチ・トライアングルが出現した，
というわけだ。

2)　人権問題

　同じような作業を人権問題という概念についても試みてほしい。人権問題と
いう概念に関する「概念の分解図」を作成すれば，どのようなものになるだろ
うか。上述の『広辞苑』には「人権問題」そのものは項目としては入っておら
ず，「人権」の箇所に次のように書かれている（1146頁）。

　　①自然権。②（right of man）人間が人間として固有するという権利。実定
　　法上の権利のように自由に剥奪または制限されない。基本的人権。

続いて「人権蹂躙」のところに「国家権力が憲法の保障する基本的人権を侵犯すること。また，私人の間で，顔役・ボス・雇主などが，弱い立場にある人々の人権を侵犯することにもいう」とある。後者は今でいうパワハラのことと思われる。

　人権問題という概念を考えるにあたり，一つの権威は政府関係機関であろう。たとえば，東京都総務部人権部は「東京都の人権問題」と題して 17 もの二次概念を挙げている（https://www.soumu.metro.tokyo.lg.jp/10jinken/minna/kadai_17/）。こういった情報源をもとにして自分なりに「概念の分解図」を作成してほしい。

3　応 用 例

　概念分析の応用例として「W は一般的社会現象 Z の一例なのか否か」という謎を考えてみよう。ここでは二つの実例を挙げておく。

　　「国家 A は自由民主主義国なのか」

　上述のように自由民主主義の二次概念ならびにインディケーターはすでに確立しているので，そういったインディケーター（たとえば上で記したような自由で公正な選挙，公平な被選挙権，複数ある政党間の自由競争といったようなもの）が実際に国家 A においてどれほど満たされているのか検証することとなる。事実上の属性分析だ。その満たされている程度を見て，この謎をイエス・ノー，あるいは「何パーセントは自由民主主義国といえる」といった形で解くこととなる。

　プロによる実際の例として一つ挙げておこう。V-Dem 研究所というシンクタンクが発表している Liberal Democracy Index（自由民主主義インデックスとでも訳せようか）である。これは 71 ものインディケーターから構成されている（V-Dem 研 究 所 発 行 の *Democracy Report 2024: Democracy Winning and Losing at the Ballot*, p. 52 [https://www.v-dem.net/documents/43/v-dem_dr2024_lowres.pdf]）。このレポートによれば 32 の国々が自由民主主義国だ

3 概念分析の基礎知識 195

とされている（p. 17, Table 1）。

つぎに，二つ目の応用例は以下のものだ。

「中国のアフリカ経済進出は新植民地主義なのか」

実はこれは筆者が実際に指導したことがある honors thesis（北米の大学での卒業論文のようなもの）において解かれた謎だ。これも事実上の属性分析の対象となる。

21 世紀に入り，アフリカに対する中国の経済進出については議論が噴出している。一方では中国も，中国の進出先であるアフリカ諸国もともに経済的利益を享受しており，いわゆるウィン・ウィン（つまり中国もアフリカ諸国もともに勝者であるという意味）の関係であるという議論がある。他方では，中国がアフリカを搾取しており，これは新植民地主義にほかならないという見解もある。そこで上のような謎が生じるというわけだ。この論争を表面的に見る限りでは，どちらに分があるのか判然としない。

19 世紀型の古い植民地主義では，西欧諸国（後にアメリカや日本を含む）がアフリカ，アジア，ラテンアメリカ，オセアニアといった地域に軍事力でもって植民地を打ち立て，これらの地域を搾取していた。これらの植民地が独立した後も，元宗主国は非軍事的手段（とりわけ経済的手段）でもって搾取を続けているという。これが新植民地主義の議論である。

そもそも新植民地主義という概念は，ガーナの初代大統領であるクワメ・エンクルマがその著書 *Neo-Colonialism, the Last Stage of Imperialism*（London: Thomas Nelson & Sons, 1965）（家正治・松井芳太郎訳『新植民地主義』（エンクルマ選集）理論社，1971 年）で唱えたものである。そこでこの著作を権威として学生は採用し，上の謎に取り組んだ。

まず，第 4 章で説明した文献の読み方を駆使しながら『新植民地主義』を読み込み，実際に新植民地主義という基本概念の二次概念ならびにインディケーターを書き出していった。そして「概念の分解図」を作成。つぎに，実際にアフリカ数国における中国の経済活動に関する客観的データを集め，分解図にある二次概念に該当するのか逐一チェックした。その総合的結果を踏まえて自分

なりに「中国のアフリカ経済進出は新植民地主義なのか」という問いに学生は
答えたのである。

参考文献

Gary Goertz, *Social Science Concepts and Measurement: New and Completely Revised Edition* (Princeton, NJ: Princeton University Press, 2020).

Gary Goertz, *Social Science Concepts: A User's Guide* (Princeton, NJ: Princeton University, 2006).

4 文 献 案 内

　本書のテーマに関する各ジャンルにおいて，参考となる文献やウェブ情報はまさに巷にあふれている状況である。スタディースキル，リサーチ，リサーチ・クエスチョン，論文，レポートといったキーワードでウェブ検索すれば，いろんなものを見つけることができよう。そのなかには，大学（教員）によって運営されているウェブサイトも含まれる。

　そういったなか，学生であればまずは所属する大学図書館に向かうことを大いに勧めたい。各図書館が参考文献リストを発行しているので，それを利用しない手はないからだ。とりわけ初学者むけのスタディースキル関連書，ならびに論文指南書に関してそういった文献リストが作成されていることが多い。さらには専門の図書館スタッフや「論文執筆アドバイス部門」（ライティング・ラボ等と呼ばれる）にアドバイスを求めるとよい。

　したがって，参考文献すべてをここで網羅・論評することはしない（できない）。筆者独自の視点から以下の文献を紹介する。これら文献アイテムの著者は社会科学系の研究者とは必ずしも限らないことに留意してほしい。

1　シカゴ大学出版会のシリーズ

　Chicago Guides to Writing, Editing, and Publishing という英語の本のシリーズがあり，大変有用である。学生むきのものとしては，筆者が知る限り次の二点が翻訳されている。著者たちは社会科学系の研究者ではないものの，研究プロジェクトのテーマの見つけ方や論文の書き方といった一般的な知的技法を説いている。

　ウェイン・C. ブースほか（川又政治訳）『リサーチの技法』ソシム，2018 年。

▷Wayne C. Booth et al., *The Craft of Research*, 4th edition（Chicago: The University of Chicago Press, 2016）の翻訳本。原書初版は1995年で最新版は第5版（2024年）というロングセラー。英文学者たちによる，西洋における「議論の組み立て方」という視点から論文攻略法・作成法を説くもの。北米では基本書の位置にある。お薦め。原書を読むなら初版から最新版までいずれのものでも有用。平易な文章で読みやすいはず。

トーマス・S.マラニー，クリストファー・レア（安原和見訳）『リサーチのはじめかた──「きみの問い」を見つけて，育て，伝える方法』筑摩書房，2023年。

▷Thomas S. Mullaney and Christopher Rae, *Where Research Begins: Choosing a Research Project That Matters to You（and the World）*（Chicago: The University of Chicago Press, 2022）の翻訳本。中国史研究者二人による本で，研究テーマ（リサーチ・クエスチョン）を従来の型にとらわれずに「内省的に見つけよ」と説く異色のもの。社会科学系の著者でないことに注意。下記のアルヴェッソンとサンドバーグの本の場合と同様に，そもそも従来のリサーチ・クエスチョンの設定方法を初学者はまずは理解する必要がある。そのためにも，本書第2章第6節で説明した「四タイプのリサーチ・トライアングル」を再読してほしい。そういった基礎知識がなければこの種の本を読んでも実りは少ないであろう。

2　大学生むけスタディースキル関連

スタディースキル関連では，「大学での学び方（あるいは学びの技法）」「アカデミック・スキルズ」といったようなタイトルのものが多い。大学によっては初学者むけに教科書が作成されていることがある。例として以下のものを挙げておこう。

日本大学法学部編『テキストブック　自主創造の基礎』勁草書房，2023 年。

金沢大学「大学・社会生活論」テキスト編集会議編『知的キャンパスライフの
　　すすめ──スタディ・スキルズから自己開発へ』第 4 版，学術図書出版社
　　2023 年。

佐藤望ほか『アカデミック・スキルズ──大学生のための知的技法入門』第 3
　　版，慶應義塾大学出版会，2020 年。

3　論文執筆関連

　初学者むけの論文・レポートの書き方で，一般的なもの（つまり社会科学に
特化しないもの）については，驚くほど多数の著書が発刊されている。さらに
は大学（教員）によるウェブサイトも目にする。そういったなかユニークなも
のとして次を挙げておく。

櫻田大造『「優」をあげたくなる答案・レポートの作成術』講談社，2008 年。
　　▷採点する側の視点を提供するユニークな文庫本。読みやすい。

明石芳彦『社会科学系論文の書き方』ミネルヴァ書房，2018 年。
　　▷上級者むけ。経済学者によるもので，数少ない「社会科学系むけ論文指
　　　南書」の一つ。研究の進め方，論文の書き方を段階別に解説している。

川﨑剛『社会科学系のための「優秀論文」作成術──プロの論文から卒論ま
　　で』勁草書房，2010 年。
　　▷本書で頻繁に言及したもの。論文の型をキーコンセプトにして，卒業論
　　　文，修士論文，博士論文，そしてプロの学術論文のそれぞれの攻略法を
　　　説く。

4　リサーチ・トライアングル関連で上級者むけ

M. アルヴェッソン，J. サンドバーグ（佐藤郁哉訳）『面白くて刺激的な論文の

ためのリサーチ・クエスチョンの作り方と育て方』白桃書房，2023年。

▷Mats Alvesson and Jörgen Sandberg, *Constructing Research Questions: Doing Interesting Research*（Thousand Oaks, CA: Sage　2013）の翻訳本。著者二人は組織学・研究法を専門とする経営学部教授。社会科学系研究者として，従来とは異なるリサーチ・クエスチョンの設定方法を説く。従来の設定方法を説明したうえで議論を進めている。

今野茂充「反実仮想と安全保障研究——1914年7月危機についての思考実験」『国際安全保障』第51巻第3号（2023年12月），69-89頁。

▷反実仮想法についての日本語での論考は数が多くなく，貴重。仮説検証の方法の一つとして参考になる。

久米郁男『原因を推論する——政治分析方法論のすゝめ』有斐閣，2013年。

▷因果関係論についての基本書。平易でわかりやすい。

スティーヴン・ヴァン・エヴェラ（野口和彦・渡辺紫乃訳）『政治学のリサーチ・メソッド』勁草書房，2009年。

▷Stephen Van Evera, *Guide to Methods for Students of Political Science*（Ithaca, NY: Cornell University Press, 1997）の翻訳本。因果関係論を含む政治学系・社会科学系リサーチ方法に関する著作。基本用語を解説したうえで，事例研究や博士論文執筆をどのように進めるかを指南する。

川﨑剛『社会科学としての日本外交研究——理論と歴史の統合をめざして』ミネルヴァ書房，2015年。

▷第2章で一致手続き法，過程追跡法，反実仮想法について解説している。

あとがき

　筆者が住むカナダでは，小学生のころから研究発表の訓練を始める。自分で調べて書く，口頭発表して，フィードバックを受ける。そして改訂する。こういったことを積み重ねていけば，大学に入学するころには研究発表する能力は十分身につくだろうと思われるかもしれない。ましてや，大学生活に慣れ親しんだ頃には，理路整然とした議論を展開できるはず……。

　そんなことはない。本書で解説した「思考の型」に基づいたしっかりした，それも学術文献を使いこなす発表は，やはりそれ特有の訓練を集中して受けないかぎり難しい。北米でも多くの大学生の発表は「自分の意見を述べることには弁が立つ，あるいは情報を集めることは得意」とはいうものの論理一貫性が欠けていたり分析が浅いものが少なくない。

　そういうわけで，ここ数年，本書で解説してきたことを筆者は担当クラスにおいて実践してきた。「曖昧模糊とした社会現象を『つかむ』には，自分で枠組みを押し当てていかなければならない。それがリサーチ・トライアングルである。そもそもリサーチ・トライアングルとは……」とまずは解説したうえで，本書で説明した四大基礎技能を教えてきた。たとえばクラスの討論では「みんな，それぞれ意見があるようだけども，共通したリサーチ・クエスチョンは何か」「君の意見はリサーチ・トライアングルのどの部分について述べているのか」といったような問いを投げかけたりしている。さらには，これから論文テーマを選ぼうという学生に対して，リサーチ・トライアングルが論文の骨子を形成するのでそれに基づいて学術文献にあたるようにとも指導してきた。論文を作成する出発点において基本的な「議論の組み立て方」という「そもそも論」を伝えておくためである。このように，リサーチ・トライアングルは筆者のクラスにおいては合言葉あるいは共通基盤のようになっている。学生たちは辟易しているかもしれないが……。

今回，本書にまとめた内容は以上のような経験に基づいているが，あえて日本の読者，それも若い人たちむけに執筆した目的は二つある。一つは，いうまでもなく教材としてである。そしてより間接的な二つ目の目的について，ここで少し触れたい。それは日本の将来に関係している。

世のなかでは，その時々において「とてつもなく重要で大きな社会問題」つまりビッグ・クエスチョンが生じる。難問なのでケンケン・ガクガクとなる。「君，この問題についてどう思う？」と尋ねられたら読者はどう答えるだろうか。海外在住者である筆者から見て，たとえば次のようなビッグ・クエスチョンに現代日本社会は直面しているように見受けられる（これらは例にすぎない）。

• 日本の核兵器政策はどうあるべきか。広島・長崎でのあの悲惨な被ばく体験に基づく，いわゆる「核アレルギー」は十分すぎるほど理解できる。しかし，日本の隣には中国，ロシア，それに北朝鮮の近隣三国（すべて専制主義の国）が核兵器を持って日本に照準を定めているのもまた現実だ。このような状況において，アメリカによる「核の傘」を一方的に享受するという政策を日本は続けてきた。日本はこの政策をなんらかの形に変えるべきなのか。そもそも核兵器という武器が現代の日本にとって持つ意味をどう考えればよいのか。さらには核兵器を独自開発・保有する利益がコストを上回るというような状況が日本にとって存在しうるのか。そうであれば，どういった条件がそこでは満たされなければならないのか。

• 気候問題について，国際協力は期待するほどには進んでいない。そんななか日本を見れば「地球にやさしい」はずの原子力発電所をあまり稼働させずに『地球に厳しい』火力発電所を使っている。一見すれば矛盾であるが，なぜか。そういっているうちにも，電力の安定供給がままならないという「先進国ではあるまじき事態」が日本国内に生じている。以上のようなさまざまな側面をすべて含んだうえでの「最適なエネルギー政策」とはどのようなものか。

- 日本は格差社会となり，大きな貧困問題を抱えていると耳にする。他方で「日本の貧困といったって発展途上国の貧困ほどひどくない」といった判断も不可能ではない。では，そもそも貧困とは何なのか。絶対的貧困と相対的貧困といった区別は可能なのか。どのように貧困の程度を測るのか。国によって貧困の実質的な意味・内容は変わりうるのか。

　こういったビッグ・クエスチョンに果敢に取り組むには，本書で説いてきたような「思考の型」が欠かせない。まさにリサーチ・トライアングル方式の出番である。ここまで本書を読んできたアナタはもうすでに「四つの謎のうちどれが該当するのか」と考え始めているかもしれない。そう，その時代のビッグ・クエスチョンに社会人として挑むには一定の知力が必要であり，それを蓄えるには若い時から「思考の型」に基づく自己鍛錬を始めていかなければならないのだ。そのための「基礎の基礎」を本書は説いてきた。これが第二の目的である。

　本書が対象としている若い読者もいつか「上の世代」に属することになる。将来どのような立場に立つのであれ，なんらかの社会的責任を担うことになるのは間違いない。その際，一見すればつかみどころがないビッグ・クエスチョンに直面しても，ひるんだり言い逃れをしないで「思考の型」を駆使しつつ自分なりの見解を築いていってほしい。デマに惑わされず，タブーに流されず，参考文献を鵜呑みにせず批判的に読みこなし，建設的な論争に参加し，未来を切り開いていける知的能力を使いつつ。そういった知力を持つ層が厚くなればなるほど，つまり「知力の社会インフラ」ともいうべきものが充実することは，将来の日本にとって好ましい。そういった「花」を咲かすための「種まき作業」として本書がささやかながらでも貢献できれば幸いである。

　本書が完成するまで，数多くの方々に直接的・間接的にお世話になった。この場を借りて御礼申し上げたい。本来ならすべての方々のお名前を一人ずつ挙げるところだが，あまりにも多いのでどうかご容赦願う次第である。しかし，以下の方々には特別に感謝を申し上げたい。まずは勤務校の学生たち。本書で取り上げた方法を試す際に，いわば実験モルモットとして彼（女）らは受難にあうことになった。いくぶんかは彼（女）らの知的訓練に役立ったと信じたい。

勁草書房の上原正信氏にも厚く御礼申し上げる次第である。本書出版に際してさまざまな面で大変お世話になった。また匿名査読者たちからいただいた貴重なコメントにもこの場を借りて深謝したい。

　最後にあげるのは櫻田大造氏（関西学院大学国際学部教授）である。40年前，カナダのトロント大学で彼とは文字通り机を横にならべて勉学に励んだ。爾来，彼にはさまざまな形でお世話になってきている。本書を執筆するインスピレーションも彼からもらった。感謝の意を込めながら本書を櫻田氏に捧げたい。

バンクーバー郊外にて
川﨑　剛

索　引

ア　行──

赤木完爾　　58, 59
麻田貞雄　　58
アジア学　　42
アセアン地域フォーラム（ARF）　　70,
　71
「厚い記述」論文　　134, 164
言いっぱなし論文　　139, 142, 143
一致手続き法　　149, 183, 200
「一般化」の解説　　164
因果研究　　37, 38, 40, 43-47, 57, 58,
　90, 94, 182
因果的推論　　11, 61, 167
因果分析　　3, 45, 60, 62, 149, 171, 186
陰謀論　　28, 30, 31, 81
ヴァン・エヴェラ，スティーヴン　　37,
　180, 200
V-Dem 研究所　　194
ウォルツ，ケネス　　65, 66
「エスノグラフィー」の解説　　164
演繹法　　34
エンクルマ，クワメ　　195
おさらい論文　　134, 139, 142, 143
オペレーショナル・コード法　　69

カ　行──

概念分析　　3, 53, 55, 72, 186-88, 194
籠谷公司　　62-64
仮説検証　　12, 14, 34, 35, 41, 61, 146,
　148, 149, 164-69, 182, 200
「仮説」の解説　　164
家族構成モデル　　189, 190, 193
過程追跡法　　60, 61, 149, 183, 184, 200
カナダ　　iv, 10, 30, 32, 41, 42, 128,
　142, 189, 190, 201, 204
ガルトゥング，ヨハン　　72, 73
韓国　　16, 17, 62-64, 68
企画書　　99, 152, 153
技術重視論文　　134
記述的推論　　11, 50, 167
木村幹　　62-64
義務論　　39
脅威の均衡　　60, 61
ギルピン，ロバート　　71, 72
久米郁男　　180, 200
クリティカル・ジャンクチャー　　44,
　171
経路依存性　　44, 171
ゲーム理論　　iv, 34, 42
結果論　　39
決定木（分析）　　21
研究計画書　　151, 152
「研究テーマ」の解説　　165
「研究」の解説　　165
公害　　192, 193
「コード化」の解説　　165
小村寿太郎　　66, 68, 74
今野茂充　　185, 200

サ 行——

佐伯有清　69
査読　18, 169, 204
サンドイッチ作戦　91, 103, 109
ジェンダー・スタディーズ　42
思考の型　i, ii, v, 1, 56, 160, 201, 203
実行可能性　20
「実証主義」の解説　165
「実証」の解説　165
社会科学系学術論文　85-87, 91, 134,
　137
『社会科学系のための「優秀論文」作成術』
　ii, 131, 133, 140, 142, 150, 156, 160,
　199
「社会科学」の解説　166
「社会科学」の定義　14
「社会現象」の定義　8, 9
自由民主主義　55, 56, 189-91, 194
「小論文」の定義　132
女性学　42
書評　97
書評論文　98, 133, 134, 142
事例選択のバイアス　30
「事例」の解説　167
人権問題　122, 123, 134, 192-94
新植民地主義　186, 195, 196
人文学　i, ii, 15, 16, 42, 166
「推論」の解説　167
「推論」の定義　11
スタディースキル　iii, 197, 198
スピーチ　102, 103
スライド　108-11, 113, 120
政策研究　37, 38, 40, 43, 47-49, 51,
　54, 57, 66, 74, 90, 94, 153
政策提言論文　134
正負思考法　105

「ゼミ論文」の定義　132
先行研究　18, 53, 79, 85, 89, 98, 112,
　134, 169, 187, 191
操作化　13, 14, 167, 170, 188
「操作化」の解説　167
属性研究　43, 50, 51, 55, 69
属性分析　43, 52, 69, 186, 187, 194,
　195
「卒業論文」の定義　132

タ 行——

第一草稿　151, 155
対決事例　145, 146-48, 183
第二次世界大戦　46, 58, 59, 61, 71
滝田僚介　58, 59
竹下登　122
「地域研究」の解説　167
「調査」の解説　167
「ディシプリン」の解説　168
「定性的分析手法」の解説　168
「定量的分析手法」の解説　168
「データ」の解説　168
テーマ選び　20, 83, 144-46, 151
統一審査基準の原則　145, 146
道徳研究　38, 49, 90
同盟締結理論　61
ドグマ　30, 31
図書館　81-83, 136, 142, 151, 197

ナ 行——

日英同盟　66, 74
日独伊三国同盟　59, 184
日露協商　66, 74
日本資本主義論争　73, 74
野原慎司　74

ハ 行——

覇権戦争　46, 61, 71
長谷川毅　58
パワー・トランジション　65
反実仮想法　62, 184, 200
反実証主義　42, 134, 165, 166
反証可能性　29, 30, 31
バンドワゴン同盟　60
必要条件モデル　189, 190, 193
「批判理論」の解説　168
評価研究　37, 38, 40, 43, 53-55, 57, 73, 90, 93, 94, 126
ピラミッド・ストラクチャー　21, 50, 51
フェミニズム　41, 42, 166
俯瞰力　99, 100
「古い仮説，新しいデータ」型　135, 144, 147, 148, 150, 156
「古い仮説，新しい分析手法」型　149, 150
ブレインストーミング　120
フレーミング　iv
「プロジェクト」の解説　168
プロスペクト理論　65
文献アイテム　32, 79, 80, 82-88, 90-100, 118, 126, 131, 135, 141, 142, 145, 147, 148, 154, 159, 165, 169, 197
文献検索　82
文献シート　84, 88-93, 96, 97, 115, 117, 118, 126
「文献」の解説　169
文献分類表　93, 94, 98, 139, 141
文献目録　79-84, 97, 135, 140, 142, 154
文献レビュー　85, 98, 133, 135, 136, 139, 140, 142, 144, 145, 147, 153, 154
「分析」の解説　169
「分析」の定義　11
ポストモダニズム　41, 166
ポツダム宣言　58

マ 行——

マクナマラ，ロバート　122
マルクス，カール　42, 73, 74, 166, 183
マルクス主義　73, 74, 166, 183
マルチラテラリズム　70
MECE（ミーシー）　21
見逃された変数　181
民主的平和論　65

ヤ 行——

邪馬台国　28, 29, 69
陽動理論　62
四大基礎技能　i-iii, v, 1, 3, 201

ラ 行——

「リサーチ・クエスチョン」の定義　28
「リサーチ・トライアングル」の定義　17, 18, 26, 27
リスク　31
「理論」の解説　169
「理論」の定義　12, 13
歴史学　i, 15-17, 41, 42, 58, 59, 134, 168
レジュメ　109-13, 115, 120
「論証」の解説　170
論争参加型　131, 135, 139-43, 147, 156

論争非参加型　147

「論理一貫性」の定義　32, 33

著者紹介

川﨑　剛（かわさき　つよし）

1961年生まれ。同志社大学法学部卒業。プリンストン大学で博士号（Ph. D. 政治学）を取得。カナダのサイモン・フレイザー大学准教授などを経て、
現在：サイモン・フレイザー大学政治学部教授。専門は国際政治学。
主著：『社会科学系のための「優秀論文」作成術——プロの学術論文から卒論まで』（勁草書房，2010年），『社会科学としての日本外交研究——理論と歴史の統合をめざして』（ミネルヴァ書房，2015年），『大戦略論——国際秩序をめぐる戦いと日本』（勁草書房，2019年）など。

社会科学は「思考の型」で決まる
リサーチ・トライアングルのすすめ

2025年4月20日　第1版第1刷発行

著　者　川　﨑　　　剛

発行者　井　村　寿　人

発行所　株式会社　勁　草　書　房
112-0005 東京都文京区水道 2-1-1　振替 00150-2-175253
（編集）電話 03-3815-5277／FAX 03-3814-6968
（営業）電話 03-3814-6861／FAX 03-3814-6854
三秀舎・中永製本

©KAWASAKI Tsuyoshi　2025

ISBN978-4-326-30346-5　Printed in Japan

〈出版者著作権管理機構　委託出版物〉
本書の無断複製は著作権法上での例外を除き禁じられています。複製される場合は、そのつど事前に、出版者著作権管理機構（電話 03-5244-5088, FAX 03-5244-5089, e-mail: info@jcopy.or.jp）の許諾を得てください。

＊落丁本・乱丁本はお取替いたします。
　ご感想・お問い合わせは小社ホームページから
　お願いいたします。

https://www.keisoshobo.co.jp

川﨑剛

社会科学系のための「優秀論文」作成術──プロの学術論文から卒論まで
「論文ってどう書けばいいんだ？」と悩んだことのある，社会科学の学徒
たちへ。他人に差をつけるノウハウ，教えます。　　　　　　　2090 円

日本大学法学部 編

テキストブック 自主創造の基礎
資料の読み方や論文の書き方，プレゼンテーションのコツなど，大学での
基本的なアカデミックスキルを身につける。　　　　　　　　1980 円

スティーヴン・ヴァン・エヴェラ　野口和彦・渡辺紫乃 訳

政治学のリサーチ・メソッド
すぐれた論文を書くノウハウとは？　アメリカの大学の定番テキストの完
訳。社会科学方法論のエッセンスを伝授します。　　　　　　2420 円

ロバート・ギルピン　納家政嗣 監訳

覇権国の交代──戦争と変動の国際政治学
なぜ覇権国は没落し，新興国はどうやって覇権の座を手に入れるのか？
今こそ読まれるべき光り輝く古典，待望の完訳！　　　　　　4400 円

保城広至

歴史から理論を創造する方法──社会科学と歴史学を統合する
すぐれた研究のための方法論とは？　理論志向の社会科学者と，歴史的事
実を重視する歴史家の溝とは？　解決法を提示する！　　　　2200 円

───────────────────────── 勁草書房刊
＊刊行状況と表示価格は 2025 年 4 月現在。消費税込み。